Nepals Frauen im Aufbruch

Ein Reisebericht (in Bildern und Texten)
von Gabriele und Thomas Beisenkamp

Nepals Frauen im Aufbruch

Ein Reisebericht (in Bildern und Texten)
von Gabriele und Thomas Beisenkamp

VNW – Verlag Neuer Weg GmbH
Alte Bottroper Str. 42, 45356 Essen
E-Mail: neuerweg@neuerweg.de
Web-Shop: www.neuerweg.de

Druck: Druckerei Neuer Weg GmbH
Alte Bottroper Str. 42, 45356 Essen

ISBN: 3-88021-331-3

Nepals Frauen im Aufbruch

Ein Reisebericht
von Gabriele und Thomas Beisenkamp

Verlag Neuer Weg

Inhalt

Nepals Frauen im Aufbruch

Vorwort

Den meisten Leserinnen und Lesern wird Nepal bekannt sein als Land mit den höchsten Bergen der Welt. So lässt der *Mount Everest* oder *Tschomolunga*, wie die Nepalesen den höchsten Berg der Erde nennen, das Herz vieler Bergsteiger höher schlagen. Immer mehr Menschen aus aller Welt besuchen Nepal, um sich die unglaublich schönen Bergketten zu erwandern, sich in der wunderbaren Natur zu erholen.

Auch werden viele wissen, dass Nepal zu den ärmsten Ländern der Welt zählt; fast die Hälfte seiner Bewohner lebt unter dem so genannten Existenzminimum. Ein Land in wirtschaftlicher Abhängigkeit von Indien, den USA, aber auch der Bundesrepublik Deutschland, mit veralteten Produktionsmethoden, dem nicht die Chance einer eigenständigen wirtschaftlichen Entwicklung gelassen wird.

Wer in Deutschland oder den USA lebt, kann sich oft keinen Begriff davon machen, wie nicht nur in Nepal, sondern auf der ganzen Welt die Masse der Menschen gezwungen ist, zu leben. Was es heißt, wenn über die Hälfte der Bevölkerung unter dem Existenzminimum lebt, wenn die Versorgung mit Strom, Wasser und Straßenverbindungen keine Selbstverständlichkeit ist. In Nepal muss sogar die übergroße Mehrheit der Menschen unter diesen Bedingungen leben. Und das im Zeitalter der Computer- und Gentechnik, in einer Zeit, in der die technischen Möglichkeiten längst so ausgereift sind, dass allen Menschen ein hohes Kulturniveau zustehen könnte.

Nur wenig bekannt ist, dass es in Nepal einen unbeugsamen Willen der Bevölkerung zu einem Leben ohne Ausbeutung und Unterdrückung gibt. Und wer hat von der starken und kämpferischen Frauenbewegung in Nepal gehört?

1990 erkämpfte sich die Bevölkerung in einem Volksaufstand gegen die Alleinherrschaft des Königs ein bürgerlich-demokratisches Mehrparteiensystem. Es handelt sich um eine angebliche konstitutionelle Monarchie, in der der König aber wesentliche staatliche Machtbefugnisse usurpiert hat. Neben der Kongresspartei waren es vor allem viele demokratische und marxistisch-leninistische Parteien und mutige Frauenorganisationen, die an diesem Volksaufstand führend beteiligt waren. Sie setzen sich auch jetzt weiter für die Befreiung des Landes ein.

Von einer dieser kämpferischen Frauenorganisationen, dem Gesamtnepalesischen Frauenverband *All Nepal Women's Association* – (ANWA), erhielt ich eine Einladung, an einer siebenwöchigen Frauenkampagne in ganz Nepal teilzunehmen. Mein Mann konnte mich als Fotograf begleiten.

Während unserer Reise von Ende Februar bis Ende April 2002 war die eingeschränkte parlamentarische Demokratie durch die Verhängung des Ausnahmezustandes ständig in Gefahr. Mit Zustimmung der Parlamentsmehrheit und unterstützt durch die USA lässt der König seit November 2001 die Bevölkerung terrorisieren. Dieser Staatsterror gegen die Bevölkerung wird natürlich mit dem Vorwand der „Terroristenbekämpfung" geführt.

Diese heikle politische Situation war für *ANWA* kein Grund, ihre geplante Kampagne abzusagen, sondern forderte sie heraus, noch konsequenter für die Rechte der Frauen zu kämpfen. Die Entschlossenheit der Frauen und die tiefe Verbundenheit des Frauenverbandes mit der Masse der Frauen, aber auch mit der Befreiungsbewegung in Nepal haben uns sehr beeindruckt. Zugleich wurde unser Blick geweitet hin zu den Möglichkeiten, die sich einer starken internationalen kämpferischen Frauenbewegung eröffnen.

Wir haben viel Armut gesehen, aber wir haben vor allem Menschen gesehen, die gegen diese Armut, gegen die oft noch feudalen, frauendiskriminierenden Traditionen und für die Befreiung der Frau kämpfen. Wir haben viele Frauen und Kinder gesehen, die nicht unter der Last der Unterdrückung zusammenbrachen, sondern mit mutiger Zuversicht sich eine bessere Welt erkämpfen wollen. Eine Welt, in der es keine Ausbeutung und Unterdrückung mehr gibt.

Wir haben die Kraft einer organisierten Frauenbewegung erlebt und geahnt, zu welchen Erfolgen sie fähig ist, wenn sie die Frauen über Parteigrenzen hinweg organisiert und sich mit der Arbeiterbewegung und Befreiungsbewegung zusammenschließt.

Wir erlebten aber auch, dass die Lobbyistinnen und Expertinnen, die oft in so genannten Nichtregierungsorganisationen (NRO) aktiv sind, leider nicht auf der Seite der Bevölkerung stehen und deren Kampf um eine lebenswerte Zukunft unterstützen, sondern mit ihren Projekten und Wertvorstellungen letztlich zur Stabilisierung der bestehenden Verhältnisse beitragen.

Dieser Reisebericht soll dazu beitragen, dass die Kraft und die Zuversicht der Frauen von Nepal viele Menschen ermutigt, es diesen Frauen gleich zu tun und ihre Geschicke selbst in die Hand zu nehmen. Ich möchte damit die Bestrebungen zu einer kraftvollen Frauenbewegung unterstützen, die sich eng mit den Befreiungsbewegungen und der Arbeiterbewegung weltweit zusammenschließt. Die internationale Frauenbewegung ist eine bedeutende Kraft im Kampf für eine Welt ohne imperialistische Ausbeutung und Unterdrückung.

Am Beispiel von Nepal wird deshalb nicht nur die erbärmliche Lebensweise der großen Mehrheit der Bevölkerung deutlich. Zugleich begeistern die ungebrochene Lebensfreude, der Widerstand gegen diese unmenschlichen Verhältnisse, der Kampfwille und der fröhliche Optimismus des Volkes.

Deshalb ist dies nicht nur ein Buch über Nepal, sondern ein Buch der Ermutigung für alle Menschen, egal in welchem Land, mit an einer lebenswerten Zukunft für uns und unsere Kinder zu bauen. Damit der Traum von einer Welt in Erfüllung geht, in der die Befreiung der Frau Wirklichkeit ist und Ausbeutung und Unterdrückung der Vergangenheit angehören.

Im September 2002
Gabriele Beisenkamp

Die Einladung nach Nepal

Es war im November 2001, als die Einladung von *Durga Paudel*, der damaligen Präsidentin des Gesamtnepalesischen Frauenverbandes *ANWA (All Nepal Women's Association)* ins Haus flatterte. Für zwei Monate sollten mein Mann als Fotograf und ich mit einem Team von ANWA-Vertreterinnen durch Nepal reisen, um an ihrer nationalen gesamtnepalesischen Frauenkampagne teilzunehmen.

Wie kam es zu dieser Einladung?

Ich bin in Deutschland seit über zehn Jahren in der kämpferischen Frauenbewegung aktiv. Da mir deren Entwicklung sehr am Herzen liegt, habe ich seit seinem ersten Treffen 1997 die Durchführung des Frauenpolitischen Ratschlags aus ganzem Herzen und mit voller Kraft unterstützt. Der Frauenpolitische Ratschlag hat sich zu einem wichtigen Forum des gleichberechtigten Meinungs- und Erfahrungsaustausches in der Frauenbewegung entwickelt. Am 4. Frauenpolitischen Ratschlag im Jahre 2000 haben bereits über 2 000 Frauen, Kinder und auch Männer teilgenommen. Dass dabei Frauen aus aller Welt mitdiskutierten wurde zu einem wichtigen Markenzeichen des Frauenpolitischen Ratschlags. So begegneten sich bei diesem Treffen Teilnehmerinnen aus 50 verschiedenen Nationen.

Durga Paudel war eine dieser internationalen Gäste und so haben wir uns kennen gelernt. Jetzt sollte ich nach Nepal reisen, um an ihrer Kampagne teilzunehmen. Ein spannender Erfahrungsaustausch stand mir wohl bevor. In Nepal ringen die Frauen hart um ihre formale Gleichberechtigung und hier in Deutschland leben wir in einem Land, in dem zwar die formale Gleichberechtigung der Frau erreicht ist, aber die tatsächliche Ungleichheit zwischen Frau und Mann immer deutlicher in Erscheinung tritt.

In ihrer Einladung schrieb *Durga Paudel*:

Wir haben die Ehre, erklären zu können, dass der Gesamtnepalesische Frauenverband (ANWA) 2001/2002 in ganz Nepal eine zweijährige Frauenkampagne organisiert. Die Ziele dieser Kampagne bestehen darin,

- *landesweit Bewusstsein zu schaffen, damit die Regierung gezwungen wird, die berechtigten Forderungen der Frauen zu erfüllen;*
- *die Frauen zu mobilisieren, für ihre Rechte zu kämpfen;*
- *sie zu organisieren und eine starke Bewegung für die Befreiung der Frau im Land zu entwickeln ...*

Im Laufe der Kampagne werden Frauenversammlungen, Massenversammlungen, Seminare, breite Öffentlichkeitsarbeit, Unterschriftenkampagnen zur Unterstützung der berechtigten Forderungen der Frauen usw. in verschiedenen Regionen organisiert. Mit uns verbundene Frauendelegationen aus dem Ausland werden auch eingeladen, sich an der Kampagne zu beteiligen. Wir sind davon überzeugt, dass eine solche landesweite Kampagne für die Bewegung für die Befreiung der Frau im Land eine historische Bedeutung haben wird ...
Die 4. nationale Konferenz von ANWA hat zwei Losungen für die Bewegung für die Befreiung der Frau in Nepal vorgeschlagen:

1. Kampf für gleiches Recht auf Eigentum für Frauen
2. Abschaffung aller Gesetze zur Diskriminierung der Frauen

An diesem Tag war nicht mehr daran zu denken, ruhig weiterzuarbeiten. Tausend Fragen gingen mir durch den Kopf.

Ist es möglich, zwei Monate Urlaub zu bekommen?

Reichen meine Englischkenntnisse?

Kann ich die Erwartungen, die diese Frauen an mich stellen, erfüllen?

Was soll ich ihnen über das Leben der Frauen in Deutschland erzählen, was über die Frauenbewegung?

Und nicht zuletzt, was bedeutet der Ausnahmezustand, der in Nepal herrscht, für unsere eigene Sicherheit?

Aber wir hatten ja noch drei Monate Zeit und so konnten wir Stück für Stück unsere Fragen und Bedenken klären.

Mein Mann und ich gingen noch mal zur Schule: Wir ließen uns von international erfahrenen Englischlehrerinnen unser Schulenglisch aufpolieren, denn die Verständigung sollte mit Hilfe eines Übersetzers in englischer Sprache geschehen. In Nepal selbst gibt es die Landessprache Nepali, aber es werden dort heute noch zirka 18 unterschiedliche Sprachen gesprochen.

Lange haben wir überlegt, wie wir den Frauen in Nepal einen lebendigen Einblick in das Leben der Frauen in Deutschland geben könnten. Denn hinter den Fakten von der Erwerbstätigkeit der Frauen, den Kinderzahlen, der Kinderbetreuungssituation, den Scheidungsraten usw. stecken persönliche Schicksale, Frauen, die sich Gedanken über ihre Situation machen, Frauen, die über private und gesellschaftliche Perspektiven nachdenken. Auf keinen Fall wollten wir das falsche Bild bestätigen, dass in Deutschland alle Menschen reich seien und mit der formalen Gleichberechtigung der Frau bei uns die Frau befreit sei und höchstens noch kleine Reformen anstehen. Ein Bild, wie es bürgerliche Politikerinnen, wenn sie in diese Länder reisen, gerne vermitteln und was sicherlich auch Wirkung in den Köpfen der Menschen dort erzielt.

So haben wir einige Bekannte, Freundinnen und Verwandte gebeten, Briefe an die Frauen in Nepal zu schreiben, in denen ihre persönlichen und gesellschaftlichen Verhältnisse geschildert werden. Doch das war leichter gesagt als getan. Unsicherheiten und Bedenken mussten ausgeräumt werden:

Was habe ich schon erlebt, das ich den Frauen in Nepal mitteilen müsste?

Wenn ich schreibe, was ich als Fabrikarbeiterin verdiene, denken da die Frauen in Nepal nicht, was wollen diese Frauen denn noch? Sie können ja nicht wissen, wie teuer hier bei uns das Leben ist.

Im Vergleich zu der Armut in Nepal geht es uns doch gut, was werden die Frauen in Nepal von uns denken?

In gemütlicher Runde diskutierten wir eifrig. Natürlich haben wir einen höheren Lebensstandard als die Menschen in Nepal. Aber anschaulich konnte uns Margit über ihre Arbeitsbedingungen als Fabrikarbeiterin berichten. Sie erlebt dort tagtäglich eine sehr hohe Ausbeutung ihrer Arbeitskraft, was sie psychisch und physisch auslaugt.

Und Ellen? Sie ist Sozialhilfeempfängerin und muss mit ihrer mageren Zuwendung sehr sehr sparsam umgehen.

Es wurde deutlich, dass unsere Lebensbedingungen in einem entwickelten kapitalistischen Land zwar anders sind als in einem Entwicklungsland, aber dass unser Kampf gegen Ausbeutung und für die Befreiung der Frau genauso berechtigt ist wie der Kampf der Menschen in Nepal. Durch diese Briefe können wir der Bevölkerung in Nepal ein realistisches Bild über unsere Lebensbedingungen vermitteln – eine wichtige Grundlage, über Gemeinsamkeiten zu diskutieren und einen gemeinsamen Weg für eine lebenswerte Zukunft zu finden.

Mit Elan machten sich die Frauen jetzt an die Arbeit, ihre Briefe zu schreiben. Wir konnten am Schluss mit einer ganzen Mappe von Briefen im Gepäck nach Nepal reisen und es ist so ein wirklicher Faden der internationalen Vernetzung entstanden. Die Briefe gehörten zu den wichtigsten Beiträgen für diese Reise. Hier eine kleine Auswahl der Briefe.

Herzliche Grüße aus Deutschland

Liebe Frauen in Nepal,

ich grüße euch herzlich aus dem kalten Land Deutschland. Ich heiße Seyran Cenan, bin in der Türkei, in Kurdistan geboren. Dort lebte ich in einem Dorf und meine Großeltern hatten eine Landwirtschaft. Meine Mutter hatte nur eine Ziege und eine Kuh für unseren Lebensunterhalt. Unsere Großeltern unterstützten uns manchmal. Die Frauen spielten in den Familien eine wichtige Rolle, weil sie alle Arbeiten machen können, auch Männerarbeiten, auch das, was die Männer nicht können. Ich lebe seit 22 Jahren in Deutschland und bin 36 Jahre alt. Meine Eltern sind 1963 als Gastarbeiter nach Deutschland gekommen und ich bin als 13-Jährige mit meinen vier Geschwistern nachgekommen. Wir haben ein Jahr alleine bei unseren Großeltern gelebt. In Deutschland musste ich erst einen Sprachkurs machen und habe dann die Hauptschule besucht. Wir Geschwister wollten nicht in Deutschland bleiben. Meine Schwester und ich kamen dann für vier Jahre in ein Internat. Das ist eine spezielle Schule für ausländische Kinder und Jugendliche. Wir lebten auch in dieser Schule. Wir konnten am Wochenende unsere Eltern besuchen. Dort wurde mir bewusst, dass ich auf mich selbst gestellt war, mein Vater hatte kein Interesse an uns.

In dem Internat lernte ich sehr viele Kinder aus den unterschiedlichen Erdteilen kennen, was für mich eine sehr wichtige Erfahrung war. Es war für mich sehr spannend, die unterschiedlichen Kulturen kennen zu lernen. (Ich lernte die spanische Sprache, griechische Tänze.) Wir waren nur Mädchen und sind sehr zusammengewachsen. Wir hatten ähnliche Probleme und konnten uns dabei gut unterstützen. Dort habe ich mich nicht als Ausländerin gefühlt, es war kein Problem, wenn ich mal was falsch ausgesprochen habe. Während meiner Lehre als Tischlerin war das etwas anderes. Hier habe ich zum ersten Mal bewusst eine bestimmte Ausländerfeindlichkeit gespürt. Für meinen Vater war es nicht zu verstehen, dass ich einen Männerberuf gelernt habe. Ich hatte Glück, in diesem Lehrjahr waren wir zum ersten Mal mehr Mädchen als Jungen. Es war für mich sehr schwer, in diesem Beruf eine Stelle zu finden, insgesamt habe ich nur vier Jahre in diesem Beruf gearbeitet. Die Firmen wollten keine Frauen als Tischlerinnen einstellen. Eigentlich hätte ich gerne Abitur gemacht und studiert, aber das ging nicht, ich musste für meinen Lebensunterhalt selbst sorgen, denn meine Eltern sind in die Türkei zurückgekehrt. Vor drei Jahren habe ich eine Umschulung gemacht und bin jetzt Mediengestalterin. Leider bekomme ich hier keine Stelle. Es ist ein sehr neuer Beruf. Die Unternehmer werben über die Greencard Computerexperten nach Deutschland, obwohl viele Kollegen und auch ich selbst eine Stelle brauchen. So sollen wir zu Konkurrenten gemacht werden.

Die Situation in meiner Heimat hat dazu geführt, dass ich sehr früh politisch interessiert war und auch aktiv wurde. In der Türkei darf das kurdische Volk nicht mal seine eigene Sprache sprechen und wird als Volk nicht anerkannt und hat gar keine Rechte. Mein Interesse ist es, dass das kurdische und türkische

*Volk gemeinsam für die Rechte der Menschen in dem Land kämpfen. Ich bin
gespannt auf eure Lebensgeschichten.*
Hoch die internationale Solidarität,
Seyran

Liebe Frauen aus Nepal,

*heute bin ich mit Gabi zusammengekommen und möchte euch eine Kleinigkeit
aus meinem Leben erzählen. Mein Name ist Ellen, ich bin 57 Jahre alt, habe fünf
erwachsene Kinder und zwei Enkelkinder. Ich bin jetzt Hausfrau. Durch meine
Krankheit kann ich nicht arbeiten, aber es geht mir soweit gut. Ich habe jetzt
eine Zweieinhalbzimmerwohnung mit Bad und lebe die Woche über alleine.
Am Wochenende kommt mein jüngster Sohn, er ist zur Zeit beim Militär und
noch nicht verheiratet. Ich bin geschieden und habe meine Kinder alleine groß-
gezogen. Ich habe eine normale Schulbildung und eine dreijährige Ausbildung
zur Maschinenstickerin. Danach habe ich noch eine Zeit gearbeitet und habe
dann gedacht, ich müsste heiraten, da ich glaubte, mit einer Familie würde
mein Leben sich zum Guten wenden, da meine Kindheit und Jugend sehr schwer
waren. Mein Vater war im Krieg geblieben, meine Mutter hatte einen Freund,
der seine Hände nicht bei sich behalten konnte. Aber meine Mutter hielt zu dem
Mann. Ich war dreimal verheiratet, wusste erst nicht, warum meine Ehen schei-
terten. Viel Schuld lag bei meinen Männern, aber im Nachhinein weiß ich, dass
es auch mit meiner inneren Einstellung den Männern gegenüber zu tun hatte.
Ich konnte kein normales Verhältnis mehr zu Männern aufbauen.*

*Das Wichtigste für mich waren und sind meine Kinder. Nach meiner letzten
Scheidung vor zwölf Jahren musste ich von der Sozialhilfe leben. Ich war Allein-
erziehende mit fünf Kindern und habe keine Arbeit gefunden. Richtig Fuß fasste ich erst, als ich wieder arbeiten konnte und so mein Leben wieder selbst in
die Hand nehmen konnte.*

*Dann traf mich das Schicksal noch einmal: Ich bekam Brustkrebs. Aber auch die-
ses habe ich nach mehreren Operationen und dem Mut zum Weiterleben über-
standen. Ich kann zwar heute nicht mehr arbeiten, aber sonst geht's mir gut.*

*Ich bekomme zur Zeit Arbeitslosenhilfe und Sozialhilfe. Das Arbeitsamt über-
prüft aber immer wieder, ob ich nicht doch wieder arbeitsfähig bin. Insgesamt
bekomme ich 537 Euro, davon muss ich aber 350 Euro Miete mit Heizung bezahlen. Zum Leben habe ich also 287 Euro. Das ist zum Leben zu wenig und zum
Sterben zu viel. Aber ich habe ja noch meine Kinder.*

Ich trage meinen Kopf noch oben und wünsche mir nur, dass es nicht schlechter wird, vor allem würde ich mir wünschen, dass die Menschen in der Welt viel mehr zusammenhalten würden. Aber ich empfinde mein Leben nicht negativ, auch wenn es sich ein bisschen so anhört. Ich wollte euch damit zeigen, dass es hier auch sehr viele Probleme gibt, auch wenn wir in einem so reichen Land leben. Davon profitieren hier nur Wenige. Auch wenn ich zur Zeit nicht aktiv im Frauenverband Courage sein kann, war es doch positiv für mich und hat mir sehr viel geholfen, zu mir selbst zu finden und mich nicht für meine Probleme selbst verantwortlich zu machen.

Ich wünsche euch, dass ihr es schafft zu zeigen, dass man als Frau auch alleine etwas erreichen kann. Wir müssen als Frauen zusammenhalten und positiv denken und für eine bessere Welt einstehen. Dabei wollen wir aber die Männer nicht außen vor stehen lassen.

Ich grüße euch und wünsche euch viel Kraft,
Ellen

Liebe Frauen in Nepal,

ich heiße Brigitte und bin 51 Jahre alt. Seit 27 Jahren verheiratet. Habe zwei Söhne im Alter von 24 und 32 Jahren. In den 60er Jahren begann in Deutschland das erste große Zechensterben. Mein Vater war damals auf der Zeche, genau wie mein Mann. Der Kampf der Kumpel gegen die Zechenschließungen hat mich für mein weiteres Leben geprägt. So wurden die Bergleute erst entlassen und mussten dann auch noch ihre Zechenhäuser verlassen. Meine Eltern hatten auch schon die Kündigung für ihre Wohnung. Sie durften aber als Ergebnis des Kampfes der Kumpel dort wohnen bleiben. Auch die relativ günstige Miete blieb. Die Solidarität der Arbeiter war beeindruckend. In den Siedlungen der Bergleute war das Leben wie in einer großen Gemeinschaft. Jeder kannte jeden und jeder half jedem. Neid untereinander gab es nicht.

Seit ich verheiratet bin, arbeite ich als Reinigungsfrau. Am Anfang morgens und abends, damit ich am Tage für die Kinder da war. Seit drei Jahren lebe ich mit meinem Mann alleine. Mein Mann ist seit sieben Jahren Rentner. Ihm ist vor sieben Jahren die Hauptschlagader in der Leiste geplatzt. Er ist fast ganz ausge-

Einige der Autorinnen der Briefe an die Frauen in Nepal.
Übersetzt und als Broschüre verkauft, stießen sie auf großes Interesse.

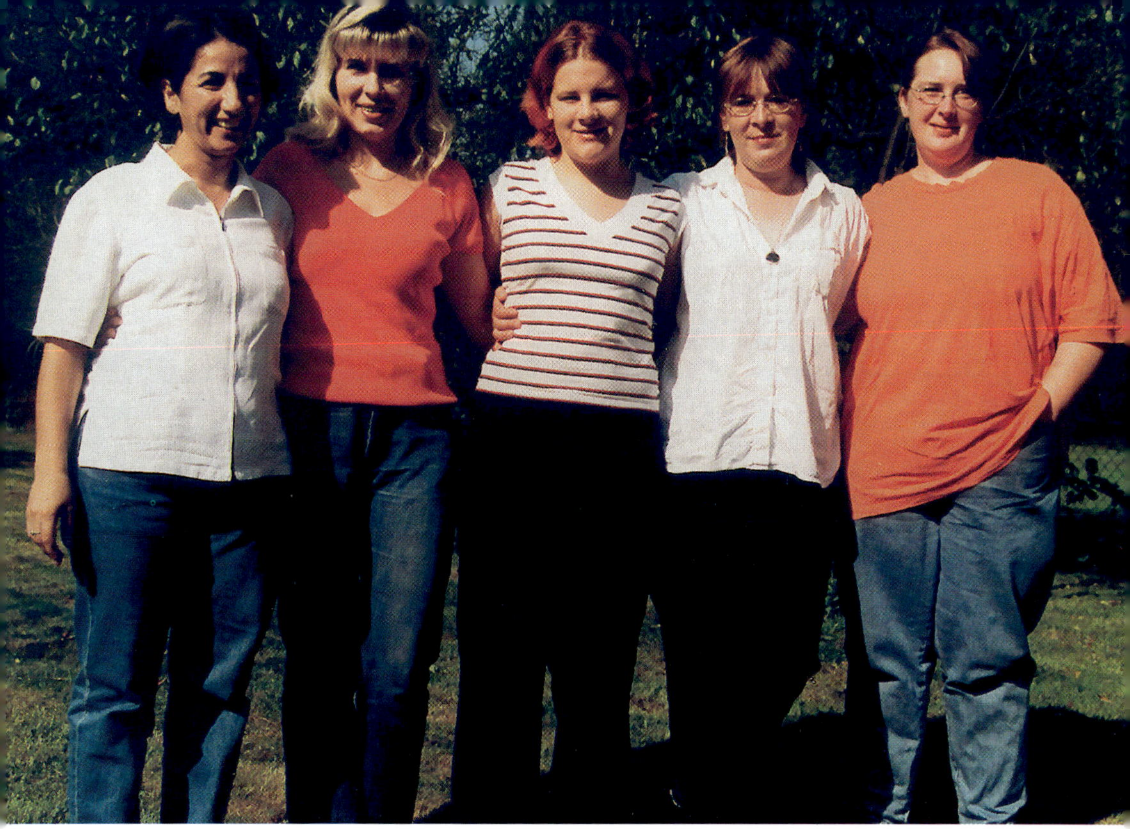

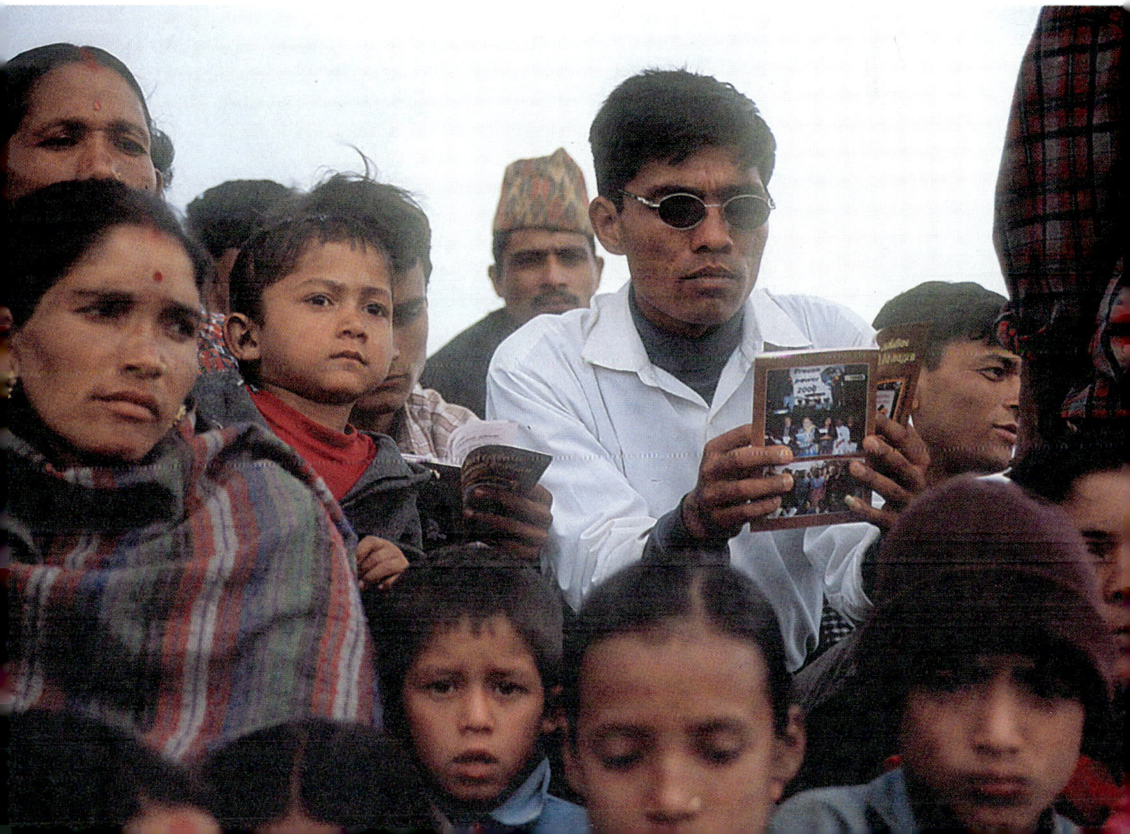

blutet. Seine Venen in den Beinen und im Herzbereich sind porös. Seitdem hat er Schwierigkeiten mit dem Kurzzeitgedächtnis.

Trotzdem fährt er ein- bis zweimal die Woche zum Flohmarkt und verkauft dort Dinge, die er überall zusammensammelt. Er kann nicht nur zu Hause herumsitzen.

Ich bin gezwungen weiterzuarbeiten, weil mein Mann sehr viele Medikamente nehmen muss und die Rente nicht sehr hoch ist. Auch ich brauche Medikamente für Bluthochdruck und Herzrhythmusstörungen.

Vor 15 Jahren habe ich die MLPD (Marxistisch-Leninistische Partei Deutschlands) kennen gelernt und seit zehn Jahren bin ich Mitglied. Der Sozialismus als neue Gesellschaft ist das, was ich mir für alle Menschen wünsche. Durch einen Kurs bekam ich eine Vorstellung von ihm und habe mich deshalb organisiert.

Ich bin ganz gespannt, von eurem Leben zu erfahren. Mich interessiert, wie ihr euer Leben meistert und besonders, wie es Frauen so um die 50 geht.

Viele Grüße, Brigitte

Nepal: Armut und Aufruhr

Am 24. Februar 2002 war es dann endlich so weit: Über Amsterdam mit einer Zwischenlandung in den Vereinigten Arabischen Emiraten kamen wir endlich nach zwölf Stunden Flug in *Kathmandu* an.

Wir wurden herzlich am Flughafen empfangen und zu *Durga Paudel*, der ANWA-Präsidentin, gefahren. Wir waren sehr froh, nicht auf uns allein gestellt zu sein. Der erste Eindruck von *Kathmandu* ist irritierend. Es wimmelt überall von Straßenhändlern, überall wird versucht, etwas zu verkaufen oder Dienstleistungen anzubieten. Die Stadt machte auf uns einen sehr schmutzigen Eindruck. Und dann der Linksverkehr! Wir wären sicherlich ganz schnell unter die Räder eines Taxis geraten, von Radfahrern oder Ochsengespannen angefahren worden, hätten wir nicht unsere fürsorglichen Gastgeber bei uns gehabt.

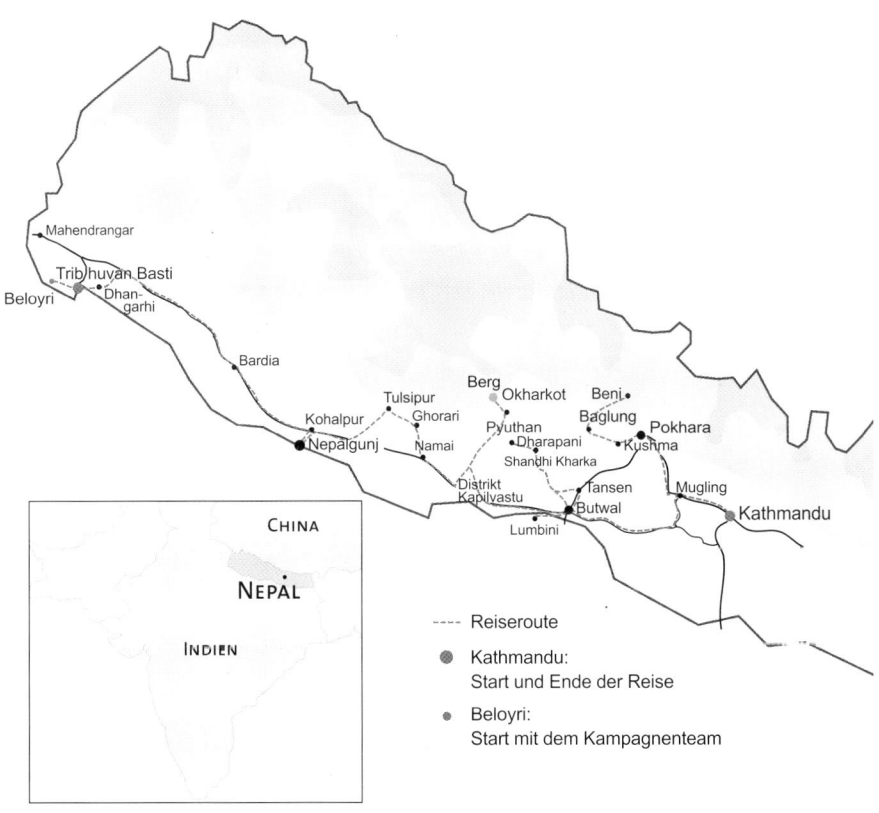

Terai: Das Tiefland und fruchtbarste Gebiet Nepals. 20 Prozent des Landes beherbergen 50 Prozent der Bevölkerung.

Wir erinnerten uns daran, was wir über Nepal gelesen hatten. Nepal ist mit seinen 23,4 Millionen Einwohnern fast ausschließlich Agrarland. Die Handkarren, auf denen die Erzeugnisse angeboten wurden, gaben einen ersten Eindruck, wie die Bauern durch die fehlende Industrie gezwungen werden, auf einem technisch höchst primitiven Niveau zu arbeiten. Die vielen Straßenhändler und kleinste Handwerksbetriebe an den Straßenrändern ließen erahnen, auf welche Weise viele Menschen hier ihren Lebensunterhalt verdienen müssen.
Was ist das für ein Land, was für eine Geschichte hat dieses Land, das wir jetzt bereisen?

Ein kurzer Blick auf die Geschichte Nepals

Im 15. Jahrhundert hatten sich in den unzugänglichen Bergregionen einzelne unabhängige Fürstentümer wie *Kathmandu* oder *Patan* gebildet. Die heutigen Grenzen von Nepal wurden erst 1816 festgelegt, nachdem Großbritannien das

Die einzige durchgehende Ost–West-Straße Nepals, deshalb auch Highway genannt

Land mit Krieg überzogen hatte. Mit britischer Unterstützung riss das *Rana*-Ge-
schlecht 1846 die Macht im Land an sich und herrschte bis 1951 unumschränkt.
Bis 1951 wurde Nepal hermetisch nach außen abgeschirmt. Gestützt auf das
britische Empire übte die *Rana*-Dynastie eine oligarchisch-feudale Herrschaft
über das Volk aus. Die *Rana*-Herrschaft wurde 1951 durch eine Volkserhebung
– mit Unterstützung Indiens – gestürzt. Die Öffnung nach außen war verbunden mit der Einrichtung eines parlamentarischen Mehrparteiensystems, das
jedoch schon 1960 wieder von den feudalen Kräften unter Führung des Königs
aus der *Sháh*-Dynastie beseitigt wurde. Alle politischen Parteien wurden verboten, die Opposition brutal verfolgt. Es wurde der verhasste *Panchayat* er-
richtet, eine korrupte, brutale Bürokratenherrschaft mit dem König *Mahendra*
als Oberhaupt. Der *Panchayat* öffnete das Land für die schamlose Ausplünde-
rung der reichen nationalen Ressourcen durch die imperialistischen Mächte.
Das *Panchayat*-System wurde endlich 1990 in einem 50-tägigen blutigen Volksaufstand gestürzt. Der König – seit 1973 herrschte *Birendara* – wurde jedoch
nicht abgesetzt. 1991 wurde unter einer Interimsregierung erstmals eine Ver-

21

Das tägliche Gras für den Büffel; Frauen eines Tharu-Dorfes

fassung ausgearbeitet und allgemeine Wahlen vorbereitet. Aus den Wahlen 1994 ging die *Communist Party of Nepal (United Marxist-Leninists)* – CPN (UML) (Kommunistische Partei Nepals [Vereinigte Marxisten-Leninisten]) als stärkste Kraft hervor, so dass sie das Land mit einer Minderheitsregierung regieren konnte. Das passte den feudalen Kräften um den König nicht; neun Monate später wurde das Parlament mit Militärgewalt auseinander gejagt und Neuwahlen durchgeführt, die die reaktionäre *Congress Party of Nepal* zur stärksten Partei im nepalesischen Parlament werden ließen. Trotz Wahlbehinderungen und antikommunistischer Hetze wurde die *CPN (UML)* mit 71 Sitzen zweitstärkste Fraktion im Parlament. Diese Konstellation hat sich bis heute nicht geändert.

Im Juni 2001 wurden der König *Birendara Sháh* und neun seiner engsten Familienmitglieder ermordet. Bis heute konnte nicht endgültig geklärt werden, wer hinter dieser blutigen Palastrevolte steckte. Profitiert davon hat auf jeden Fall *Prinz Gyanendra,* der jüngere Bruder des toten Königs. Denn er bestieg nur wenige Tage nach den Morden Nepals Thron.

Von Ochsen wird das Getreide gedroschen

Am 26. November 2001 rief der neue König den Ausnahmezustand aus, der seitdem ständig verlängert wird. Der Ausnahmezustand richtet sich direkt gegen die bürgerlich-demokratischen Rechte und Freiheiten der nepalesischen Bevölkerung und die Tätigkeit aller demokratischen, antiimperialistischen und revolutionären Oppositionskräfte. Vordergründig wurde der Ausnahmezustand ausgerufen, um gegen die *Communist Party of Nepal (Maoist)* vorzugehen, die für ganz Nepal den Volkskrieg ausgerufen hat und in einigen Regionen bewaffnete Aktionen durchführt.

Unsere konkreten Erfahrungen während der Reise bestätigten, dass sich der Ausnahmezustand in der Hauptseite gegen alle fortschrittlichen Kräfte im Land richtet. Nach unserer Rückkehr nach Deutschland erfuhren wir aus den Medien, dass das Parlament wieder aufgelöst wurde und es im November 2002 wieder Neuwahlen geben soll.

Die so genannte Hügelregion; die Berglandschaft mit Höhen zwischen 300 m und 4 500 m

Der Kampf der Frauen um ihre Befreiung – ein wichtiger Teil der Geschichte Nepals

Bereits 1951, im Zusammenhang mit der Volkserhebung zum Sturz der *Rana*-Dynastie, gründete sich der Frauenverband *ANWA*, der parteigebundene Frauenverband der *Nepalese Communist Party (Mashal) – NCP (Mashal)* (Nepalesische Kommunistische Partei [Flamme]). Am Anfang hat uns etwas verwirrt, dass in Nepal mehrere Frauenverbände den Namen *ANWA* tragen, da viele fortschrittliche Parteien ihren parteigebundenen Frauenverbänden diesen Namen gegeben haben.

Entsprechend der politischen Entwicklung war *ANWA*, die Frauenorganisation der *NCP (Mashal)*, gezwungen, wie alle anderen fortschrittlichen und demokratischen Kräfte immer wieder im Untergrund zu arbeiten. Dies hat natürlich die Organisierung der Frauen wesentlich erschwert. So musste die zweite nationale Konferenz von *ANWA* 1988 in Indien durchgeführt werden. Es war deshalb selbstverständlich, dass sich *ANWA* stark an der so genannten „Anti-

Marktstraße der Distrikthauptstadt Baglung

königsbewegung" beteiligte und sich aktiv engagierte im Kampf um demokratische Rechte.

Nachdem Anfang 1992 wieder eine legale Arbeit möglich war, hatte *ANWA* im
November 1992 einen Beschluss gefasst, für Frauen das gleiche Recht auf
Eigentum zu fordern. Zu diesem Anlass wurde zum ersten Mal in der Geschichte
von *ANWA*, aber auch in der Geschichte der Befreiungsbewegung der nepalesischen Frauen, eine Massendemonstration auf den Straßen von *Butwal*, einer
großen Stadt im Süden des Landes, für die Forderung nach gleichem Recht der
Frauen auf Eigentum organisiert.

Bis zur endgültigen Verabschiedung der „Frauenrechts-Charta" 1995 wurden
von *ANWA* mehrere Kampagnen auf örtlicher, regionaler und auch zentraler
Ebene durchgeführt, um die Forderungen der Frauen konkret zu studieren und
sie in dieser Erklärung zusammenzufassen. Hier ein Auszug aus dem Doku-
ment:

Der höchste Punkt der Erde, der Mount Everest

Nirmala Aryal, ANWA-Aktivistin aus Bansgarhi, beim Interview

„Männer und Frauen sind grundsätzlich von Geburt aus gleich. Von jeher wurden sie jedoch in unterschiedlichen Fragen benachteiligt und schikaniert. Sie befinden sich beinahe im Zustand der Sklaverei. Deshalb ist es unsere historische Verantwortung, sie aus dieser schweren Lage zu befreien mit der Perspektive, ihnen ihre längst fällige Selbstachtung und ihre Rechte wiederzugeben. Das Los der Frauen ist keine isolierte Frage, sondern es hat seine Wurzel im ausbeuterischen sozialen und politischen System. Sie können nur befreit werden, wenn eine Gesellschaft ohne Ausbeutung geschaffen wird, indem das diskriminierende System ausgelöscht wird, das dem arbeitenden Volk die Früchte seiner Arbeit und Opfer vorenthält. Die Lage der Frauen wie wir sie heute vorfinden, ist das direkte Ergebnis des seit langem vorherrschenden sozioökonomischen Systems, welches den Interessen der ausbeutenden Klasse dient. Folglich können die Frauen keine grundlegende Veränderung ihres Lebens er-

Durga Paudel, Präsidentin von ANWA bis April 2002

Terai; Wohnhütte einer Familie

wirken, solange die ungerechte sozioökonomische Struktur nicht beseitigt ist. Es gibt Leute in der Gesellschaft, die immer noch dagegen sind, den Frauen gleiche Rechte in Eigentumsfragen zu geben. Genauso wollen einige Leute verhindern, dass Frauen das Recht auf Scheidung, Wiederheirat und Heirat als Witwe genießen. Aber all diese gegnerischen Stimmen werden verstummen, sobald die Frauen mit großer Entschiedenheit das Banner des Aufstandes gegen all diese Praktiken erheben (...) Eine der Grundvoraussetzungen für die Befreiung der Frau ist die gründliche Überprüfung der gegenwärtigen Familienordnung. Die Struktur der Familie ist es, die die Frauen an die Hausarbeit bindet und sie davon abhält, ihre Gefühle gegen ihre Benachteiligung im Namen des Geschlechts auszudrücken."

Im Anschluss an diese Präambel werden neun zentrale Forderungen entwickelt, um deren Verwirklichung ANWA konsequent kämpft. Erste und wichtigste Forderung ist die Forderung für das gleiche Eigentumsrecht:

Terai; typisches Bauernhaus

„Freiheit und Gleichheit für Frauen sind nicht möglich ohne ökonomische Freiheit und Gleichheit. Gleiches Recht der Frauen auf Eigentum ist eine der Grundvoraussetzungen für die Befreiung der Frauen ... Folgende Punkte müssen dabei ernsthaft erwogen werden:
- Gleiches Recht auf Erbe für Söhne und Töchter.
- Nach der Hochzeit müssen Männer und Frauen gleiche Rechte in Bezug auf Besitz, Verwaltung, Kauf des täglichen Bedarfs und Verkaufs des Familieneigentums haben.
- Die gleichen Besitzrechte für Frauen sollen auch nicht im Fall von Scheidung, Wiederverheiratung und unerlaubter sexueller Beziehung beendet werden.
- Die Eigentumsrechte der Frauen müssen von denselben Regeln beherrscht werden, die auf Männer angewandt werden."

Durga Paudel berichtete, wie kämpferisch der Frauenverband diese Forderungen ins Parlament eingebracht hat. So haben sie 1995 mit fünf anderen Frauenorganisationen eine Demonstration **im und vor** dem Parlament für das

Mitglieder des Kampagnenteams, von links nach rechts: Lila Maya Lamichhane; Mina Pun; Laxmi Baskota; Surya Thapa

Eigentumsrecht der Frauen durchgeführt. Neun Frauen besorgten sich Besucherkarten für das Parlament und schmuggelten ihre Transparente unbemerkt ins Parlament. Zum geeigneten Zeitpunkt hatten sie dann im Parlament ihre Transparente entrollt und ihre Forderungen nach dem Eigentumsrecht der Frauen gerufen. Dies löste bei den konservativen Parlamentariern helles Entsetzen aus; die Frauen wurden sofort abgeführt! Bei dieser Aktion wurden insgesamt 105 Frauen, die gleichzeitig vor dem Parlament demonstrierten, verhaftet. Dies hat ANWA aber nicht davon abgehalten, weiter für die Rechte und für die Befreiung der Frau zu kämpfen.

Noch während der Kampagne, an der wir teilgenommen haben, wurde im Parlament ein Gesetz verabschiedet, das den Frauen weitere Rechte zugesteht. Es wurde deutlich, dass die Regierung dem Druck der Frauen nachgeben musste. Ein ganzes Paket von Gesetzen wurde verabschiedet, das die Rechte der Frauen verbessert, jedoch, wie ANWA sagt, noch lange nicht ausreicht. Kein Grund also, mit dem Kampf nachzulassen. Wie die Frauen von ANWA uns erzählten, wurde folgendes beschlossen:

- In Zukunft haben die Frauen bis zu ihrer Heirat das gleiche Recht auf das Eigentum der Eltern wie die Söhne. Bei einer Heirat verfällt aber weiterhin das Recht auf dieses Eigentum.
- Bisher hatte die Frau bei einer Scheidung kein Recht auf das Eigentum, dies gehörte alleine dem Mann. Dies wurde jetzt geändert. Allerdings hat das Gericht nach wie vor Einfluss darauf, ob eine Scheidung überhaupt rechtskräftig wird.
- Bisher war es illegal abzutreiben, jetzt gibt es innerhalb der ersten zwölf Wochen die Möglichkeit abzutreiben, wenn sich beide Partner einig sind.
- Bisher stand auf Polygamie der Männer 1-3 Monate Gefängnisstrafe, jetzt sind es 1-3 Jahre.
- Bei einigen ethnischen Gruppen war es üblich, dass der älteste Bruder heiratet und die Frau dann allen Brüdern zur Verfügung stehen musste, auch sexuell. Dies wurde jetzt verboten.

Wichtige Erfolge der Frauenbewegung in Nepal, aber noch lange nicht das Ziel des Kampfes um die Befreiung der Frau.

Wir machen die Bekanntschaft mit dem Kampagnenteam

Nach der ersten Übernachtung bei *Durga Paudel* ging es los, wir mussten zuerst ganz in den Westen von Nepal fahren, wo wir das Kampagnenteam treffen sollten. Danach würden wir uns wieder Stück für Stück *Kathmandu* nähern, wo dann die Abschlussveranstaltung stattfinden sollte.

Wir brauchten zwei Tage mit dem Auto, um die 450 Kilometer von *Kathmandu* nach *Beloyri*, einem kleinen Ort ganz im Westen von Nepal, zurückzulegen. Zwei Tage voller neuer Eindrücke:

Da war der „Highway" von Nepal, die einzige Ost-West-Verbindung, die sich die Ochsenkarren, die schrottreifen Lkws, die wenigen Pkws und Taxis, die Fahrradfahrer und vielen Mopeds, aber auch Büffelherden und Affenfamilien miteinander teilen.

Da war die liebevolle Gastfamilie, bei der wir übernachteten. Die Mutter unserer Gastgeberin setzte sich ganz dicht zu mir, streichelte meine Arme, zupfte an meinen kurzen Haaren und lachte herzlich dabei. Hatte sie doch bisher kaum Frauen gesehen mit heller Hautfarbe und kurzen Haaren.

Da war die erste Begegnung mit *Nirmala*, der örtlichen *ANWA*-Aktivistin, die uns mit einem köstlichen Essen versorgte und genau beobachtete, was wir mochten und was nicht so schmeckte.

Da waren aber auch die ständigen Militärkontrollen, die uns zeigten: Hier herrscht Ausnahmezustand! Kein Bus, kein Auto kam weiter, ohne dass alle Insassen aussteigen mussten, mit ihrem Gepäck einzeln untersucht wurden und erst 500 Meter weiter wieder in den Bus oder das Auto einsteigen konnten. Natürlich alles unter Beobachtung von Soldaten, die Maschinenpistolen im Anschlag. Nur die Tatsache, dass der Parlamentsabgeordnete *Dilaram Acharya* von der *National People's Front (NPF)* (Nationale Volksfront) uns begleitete, bewahrte uns davor, diese Prozedur ständig mitzumachen. Meist reichte sein Ausweis und wir konnten weiterfahren. Obwohl die Kampagne genehmigt war, konnte sie nur durch die ständige Teilnahme von Abgeordneten der *NPF*, die die Kampagne tatkräftig unterstützten, durchgeführt werden.

Wie *ANWA* ist die *NPF* eine Massenorganisation der *NCP (Mashal)*. Die *NPF* beteiligt sich an Wahlen und ist mit fünf Sitzen im nepalesischen Parlament vertreten. Wir lernten in vielen Städten ihre kleinen öffentlichen Parteibüros kennen und ebenfalls ihre parlamentarischen Vertreter auf unteren Ebenen. So stellt sie unter anderem in zwei Distrikten den *Development Committee Chairman*, den höchsten politischen Vertreter eines Distrikts. Da die *NPF* den Schwerpunkt ihrer Arbeit nicht auf die Parlamentsarbeit legt, sondern gemeinsam vor Ort mit den Menschen für ihre Rechte kämpft, war es für sie selbstverständlich, die Kampagne tatkräftig zu unterstützen.

Endlich in *Beloyri* angekommen, lernten wir vier Frauen des Zentralkomitees von *ANWA* kennen, die die ersten 14 Tage mit uns unterwegs waren, um die Kampagne durchzuführen.

Zu Beginn der Kampagne waren wir im westlichen *Terai*. Das *Terai* ist der ebene Landstrich von Nepal an der Grenze zu Indien, der einzige Teil Nepals, in dem eine industrialisierte Landwirtschaft betrieben werden kann und auch teilweise gemacht wird.

Die Kampagne führte uns insgesamt durch 11 der 75 Distrikte von Nepal. Die Route musste schon im Vorfeld durch den Ausnahmezustand verändert werden, da es in einigen Distrikten zu gefährlich gewesen wäre. Auch gab es während der Tour noch einige Überraschungen, die zu Veränderungen führten. Wir starteten ganz im Westen von Nepal in *Mahendrangar* und erreichten nach sieben Wochen *Kathmandu*.

Wichtige Stationen waren: Der Distrikt *Tribhuvan Basti* im westlichen *Terai*; die Industriestadt *Nepalgunj* an der Grenze zu Indien; der *Dang*-Distrikt mit seiner Hauptstadt *Tulsipur* und den *Tharu*-Dörfern; der Distrikt *Pyuthan* mit dem herrlichen Berg *Okharkot*; der Bergdistrikt *Argha Khanchi* mit den größten Veranstaltungen; *Kapilvastu* – ein weiterer Distrikt im *Terai*; *Butwal* eine der größten Industriestädte Nepals; dem Distrikt *Baglung*, dem Heimatdistrikt von *Mina* und *Laxmi*; die Stadt *Tansen* und schließlich zum Schluss *Kathmandu*.

Es war ein volles Programm, das uns fast täglich an einen anderen Ort führte. Das offizielle Programm sah verschiedenartige Veranstaltungen vor, die in genauer Abfolge an verschiedenen Orten und Städten geplant waren:

Massenveranstaltungen, meist unter freiem Himmel und in großer Anzahl; so genannte *Interaction*-**Veranstaltungen**, Saalveranstaltungen in Städten, zu denen Vertreter anderer Parteien, Frauenorganisationen, Vertreter von *NROs* oder auch Einzelpersonen eingeladen wurden. Hier ging es um den Austausch von Erfahrungen und Standpunkten.

In *Butwal* und *Kathmandu* wurden zwei **Seminare** abgehalten und natürlich gab es auch eine Reihe von **Pressekonferenzen**.

Mina Pun

Mina ist 28 Jahre alt, sie arbeitet bereits seit zehn Jahren bei *ANWA* und ist seit zwei Jahren im Zentralkomitee. Während der Kampagne wurde sie zur Präsidentin des Frauenverbandes als Nachfolgerin von *Durga Paudel* gewählt. *Mina* hat drei Brüder und eine ältere Schwester. Als sie 14 Jahre alt war, haben ihre Eltern und die älteren Brüder ihre Heirat organisiert. Aber sie wollte den ausgewählten Mann nicht. Schnell wurde ihr deutlich gemacht, dass Frauen kein Recht haben, ihren eigenen Partner zu wählen. Ihr Vater legte ihr einen Strick um den Hals, führte sie auf den Dachboden des Hauses und sagte: *„Wenn du nicht heiraten willst, wirst du gehängt."* So stimmte sie der Heirat zu, ist aber nie in den Haushalt ihres Mannes gezogen. Die Ehe wurde von ihr nicht vollzogen. Ohne Anspruch auf Land und ohne Arbeit versuchte sie sich durchzuschlagen. Später haben ihr Vater und ihr älterer Bruder verstanden, dass es ein Fehler war, sie zur Heirat zu zwingen. Nachdem ihr Vater und der ältere Bruder gestorben waren, hat ihr jüngerer Bruder ihre Versorgung übernommen und ihr auch einen Teil am väterlichen Eigentum gegeben, so dass sie ein eigenständiges Leben führen konnte.

Minas eigene Erfahrungen brachten sie dazu, dass sie schon sehr früh politisch aktiv wurde. Erst engagierte sie sich in der Jugendorganisation der *NCP (Mashal)* und später ging sie zu *ANWA*. Sie ist eine der wenigen *ANWA*-Frauen, deren Lebensunterhalt von *ANWA* finanziert wird. Sie ist fast das ganze Jahr unterwegs, um mit den örtlichen *ANWA*-Frauen die Arbeit zu besprechen, ihnen zu helfen, neue Frauen für den Verband zu gewinnen, aber auch, um sie theoretisch auszubilden. Auf der Veranstaltung zum Internationalen Frauentag, dem 8. März, stellte sich heraus, dass *Mina* nicht nur eine ausgezeichnete Rednerin ist, die die Herzen der Frauen erobern kann. Sie ist auch eine hervorragende Kennerin des Lebenswerks von Klara Zetkin (1857–1933), eine deutsche Kommunistin, die eine leidenschaftliche Vorkämpferin für die Befreiung der Frau war.

Lila Maya Lamichhane

Lila Maya ist 49 Jahre alt; ist verheiratet und hat fünf Kinder. Von den anderen *ANWA*-Frauen wird sie liebevoll „Mama" genannt, da sie für alle Frauen und deren Probleme ein offenes Ohr hat. *Lila Maya* war es, die immer schnell verschwunden war, wenn wir einen neuen Ort erreicht hatten. Schnell fanden wir sie dann mitten in einer Gruppe von Frauen. Es war ihr ein sehr großes Anliegen, mit den Frauen in den Dörfern zu reden, ihnen zur Seite zu stehen, die Fragen und Probleme der Frauen zu hören und zu beraten, wie sie ihre Arbeit anpacken sollen. Auch sie ist seit zehn Jahren bei *ANWA* und wurde vor zwei Jahren ins Zentralkomitee gewählt. Ihr Mann ist Bauer; er hat Asthma, so dass er nicht mehr viel arbeiten kann. Sie hat drei Söhne und zwei Töchter, die in der Zwischenzeit alle verheiratet sind: Mit ihren 49 Jahren ist sie bereits zwölffache Großmutter. Die Söhne leben traditionsgemäß mit ihren Familien bei ihr, die Töchter leben in den Familien ihrer Ehemänner. Auf die Frage, warum sie in *ANWA* aktiv ist, antwortet sie nur kurz: *„Ich bin zu ANWA gekommen, weil ich eine neue Gesellschaft will, ich will keine Ausbeutung mehr."*

Surya Thapa

Surya lebt mit ihrer Familie in der Hauptstadt *Kathmandu*. Sie ist 50 Jahre alt, verheiratet und hat einen achtjährigen Sohn. Bereits seit 21 Jahren ist sie *ANWA*-Aktivistin und seit sieben Jahren Mitglied im Zentralkomitee. Wie für viele Frauen ist es für sie selbstverständlich, um 5 Uhr aufzustehen, die tägliche Hausarbeit zu machen, um dann ihrer *ANWA*-Tätigkeit nachzugehen. Sie war ständig zur Stelle, wenn es etwas zu organisieren gab. Sie war sehr bemüht, uns alle Wünsche zu erfüllen, so dass es fast zu einem täglichen Stoßseufzer von uns wurde: *„Surya, bitte keinen Extraservice für uns!"*

Darauf angesprochen, wer jetzt ihren Sohn versorge, während sie die Kampagne mit durchführt, sagte sie stolz: *„mein Mann"*. Er akzeptiert die Arbeit, die sie bei *ANWA* macht, da er selbst in der *NPF* aktiv ist. Der Sohn war nun bei ihrem Mann und sie war sicher, dass die zwei gut zurechtkamen. Dies ist für Nepal sicherlich eine Ausnahme. Auch sie arbeitet, wie sie sagt, jetzt vollständig für *ANWA*, zuvor war sie Lehrerin in einer Krankenschwesternschule.

Laxmi Baskota

Laxmi kommt ebenso wie *Mina* aus der Bergregion *Baglung*. Mit ihren 28 Jahren kämpft sie mit ihrer ganzen Kraft für eine sozialistische Gesellschaft. Sie ist seit zehn Jahren bei *ANWA* aktiv, war aber vorher bereits in einer Jugendorganisation der *NCP (Mashal)*. Mit 21 Jahren wurde sie in das Zentralkomitee von *ANWA* gewählt. Was es heißt, in Nepal als Frau zu leben – davon kann sie ein Lied singen. So berichtete sie an einem ruhigen Abend, dass sie zusammen mit ihrer Mutter und Oma lebt. Ihre Mutter hatte vier Kinder bekommen, „nur" vier Mädchen. Darüber war ihr Vater, der Polizeibeamter war, sehr verärgert und hat eine weitere Frau geheiratet. Die Tradition gibt ihm dazu das Recht, da es angeblich notwendig ist, dass ein Mann Söhne hat. Jedoch hatte auch die neue Frau „nur" eine Tochter zur Welt gebracht. Unter sehr schwierigen Bedingungen hat Laxmis Mutter dafür gesorgt, dass ihre Töchter die Schule besuchen können, denn ihr wurde klar, wie wichtig es für Mädchen ist, eine eigene Ausbildung zu haben. Dafür ist *Laxmi* ihrer Mutter sehr dankbar. Heute arbeitet sie zum Teil als freigestellte *ANWA*-Frau, darüber hinaus versucht sie, ihren Lebensunterhalt durch eine Arbeit an der Universität sicherzustellen. Erst als wir im *Baglung*-Distrikt angekommen waren, erzählte sie uns, dass sie dort auch im *District Development Committee* mitarbeitet, was bei uns mit der Arbeit einer Abgeordneten im Kreis- oder gar im Landtag zu vergleichen ist. Die alltäglichen Probleme der Familien und Frauen sind es, die sie im *District Development Committee* vorbringt; gemeinsam kämpft sie mit den Frauen um Lösungen, sei es die Versorgung mit Strom oder Wasser, sei es der Kampf um ein Entbindungsheim für junge Frauen, seien es die Probleme ethnischer Minderheiten.

Wir lernen das Leben der Menschen kennen

Die Kampagne war hervorragend vorbereitet. Ohne eine enge Verbundenheit mit den Menschen in Nepal wäre sie nicht möglich gewesen. Obwohl die meisten der Familien kein Telefon hatten, die Straßen oft fast nicht befahrbar waren und es durch den Ausnahmezustand Veränderungen im konkreten Verlauf der Kampagne gab, waren die Menschen immer auf unser Kommen vorbereitet, und wir wurden herzlich empfangen. Es musste viele „heimliche" Boten gegeben haben, von denen wir nichts mitbekommen hatten.

Zu den Mahlzeiten wurden immer andere Familien besucht, die uns hervorragend mit gutem Essen versorgten. Es hatte sich schnell verbreitet, dass wir nicht so gut mit den Fingern essen konnten, und so lagen für uns immer Gabel und auch Löffel bereit.

Auch die Übernachtungen waren meist in Privatwohnungen organisiert. Nicht selten haben die Kinder, aber auch die Erwachsenen für uns ihr Zimmer geräumt, damit wir gut schlafen konnten. Jeder entdeckte Moskitostich am Morgen wurde zum Anlass genommen, unsere nächste Unterbringung zu verbessern, Moskitonetze wurden gekauft und die Zimmer sorgsam nach Moskitos abgesucht. Die Länge der Betten wurde vermessen, da sie für Thomas, meinen Mann, oft zu kurz waren.

Die Tatsache, dass wir mit den Aktivistinnen von *ANWA* meist in Privatwohnungen übernachteten und auch das Essen in den Familien zubereitet wurde, machte es *ANWA* möglich, diese Kampagne zu finanzieren und gab uns zugleich die hervorragende Möglichkeit, die Lebensbedingungen der Menschen tatsächlich kennen zu lernen, mit ihnen gemeinsam zu leben.

Ein Gespräch mit Bauern

Am Morgen des 28. Februar ging es dann in *Beloyri* los. Bereits am ersten Tag der Kampagne fanden zwei Veranstaltungen statt und wir ahnten zu diesem Zeitpunkt noch nicht, dass wir fast jeden Tag an einem anderen Ort sein würden. In *Tribhuvan Basti* im Distrikt *Kanchanpur* waren wir, bevor es zur nächsten Veranstaltung gehen sollte, beim Vorsitzenden der *NPF* des Distriktes zum Essen eingeladen. Unsere Anreise verzögerte sich jedoch, da der Jeepfahrer sich weigerte, einen Fluss zu durchqueren. Eine Brücke gab es nicht. Wenn wir den Jeep für die weitere Kampagne nutzen wollten, sollten wir ab jetzt besser die letzten fünf Kilometer zu Fuß gehen, so sein Vorschlag.

Eine Brücke über diesen Fluss ist seit Jahren in Bau, sie wird aber nicht fertiggestellt, da die Regierung dafür kein Geld mehr habe, wie uns die ANWA-Frauen erklärten. Eine kleine Behelfsbrücke für Zweiräder und Fußgänger war von Jugendlichen gebaut worden und wird von ihnen instand gehalten. Wer mit dem Fahrrad oder dem Moped über die Brücke will, muss dafür bezahlen.

Das nötigste Material für die Veranstaltung – Megafon und Broschüren – schnappten wir uns und dann ging es zu Fuß weiter.

Damit wir nicht verhungerten, steckte man uns unterwegs frisch vom Feld gebrochenes Zuckerrohr zu. So lief die ganze Gruppe Zuckerrohr knabbernd weiter. Wir wurden genau beobachtet, ob wir das Zuckerrohr auch richtig essen konnten: Das Mark des Zuckerrohrs muss ausgesaugt und die Fasern müssen fachmännisch zurück ins Feld gespuckt werden. Das gelang mir offensichtlich noch nicht sehr gut, denn unsere nepalesischen Freunde amüsierten sich köstlich.

Endlich in *Tribhuvan Basti* angekommen, waren im Nu 15 bis 20 Personen versammelt, unter ihnen auch der Vizepräsident der Bauernorganisation der *NCP (Mashal)*. Vorausgeeilt war uns das Gerücht, dass wir keine begeisterten Reisesser seien. Das konnten wir zwar später korrigieren, aber jetzt war für uns eigenes Roti, eine Art Fladenbrot, gebacken worden.

Neugierig wurden wir gefragt, wie es den Bauern und ihren Familien in Deutschland geht, und wir mussten eifrig erzählen. Für unsere kleine Versammlung war es fast unvorstellbar, dass nur zwei bis drei Prozent der Menschen in Deutschland in der Landwirtschaft tätig sind, sind es doch in Nepal nahezu 90 Prozent. Zum Glück hatten wir den Brief von *Wilma*, einer Bäuerin, dabei und konnten so ganz lebendig über das Leben einer Kleinbäuerin berichten.

Wilma, die einen Hof von 25 Hektar mit ihrem Mann zusammen bewirtschaftet, schrieb an die Freunde in Nepal:

„Auf die Landwirtschaft kommen immer mehr Auflagen und Verordnungen zu. Das läuft darauf hinaus, entweder ganz große Tierbestände aufzubauen oder aufzugeben. Bei notwendigen Erneuerungen ist man auf Zuschüsse angewiesen, denn die Maschinen sind sehr teuer und die Baukosten hoch. Aber nur sehr große Tierbestände werden bezuschusst. Das erfordert hohe Kredite und eine Abhängigkeit von den Banken. Normale Bauern würden das nicht machen ... Obwohl Künast, die zuständige Ministerin der Bundesregierung, große Versprechungen mit einer 'Agrarwende' machte, werden die Agrarindustriellen, die das große Geld haben, bevorzugt. Wenn man sieht, wie das läuft, dann graut

es mir ... Die Beamten bestimmen, was die neue Gülleverordnung betrifft, über deinen Kopf. Als ich mich kürzlich darüber beschwerte, wurde ich von einem solchen Bürokraten ausgelacht. Mein Mann sagte, du musst vorsichtig sein, wir sind vom Landwirtschaftsamt abhängig. Als mir das drei Tage keine Ruhe ließ, ging ich zum Amt und beschwerte mich. Ich sagte, dass ich mich bei einem Verwandten erkundigt habe, der Professor an der Landwirtschaftlichen Universität ist, da gab er klein bei. In den letzten Tagen hat der Pfarrer in der Kantorei, in der ich mitsinge, eine Unterschriftenliste herumgegeben gegen die Entlassung von 400 Arbeitern bei einer Maschinenfabrik. Das habe ich unterstützt, weil die Arbeiter dann auch am Essen sparen müssen, was uns dann auch betrifft."

Mit einem Hof von 25 Hektar soll es in Deutschland schwer sein, in der Landwirtschaft zu überleben – das war für unsere nepalesischen Freunde kaum vorstellbar. Wer 25 Hektar in Nepal besitzt, der ist ein Großgrundbesitzer, ein Landlord.

Der Vertreter der Bauernorganisation erzählte uns, dass sie im *Terai* nicht nur landwirtschaftliche Produkte für den eigenen Bedarf anbauen würden, sondern in der Lage sind, Zuckerrohr an eine Fabrik abzuführen. Dies ist vielen Bauern in Nepal nicht möglich, sie produzieren nur zum Erhalt der eigenen Existenz. Da es in der Region aber nur diese eine Fabrik gibt, haben sie keine andere Möglichkeit, ihr Zuckerrohr zu verkaufen. Eigene Fahrzeuge, um das Zuckerrohr woanders hinzufahren, haben sie nicht. So besteht eine große Abhängigkeit von dieser einen Fabrik, was von dem Eigentümer schamlos ausgenutzt wird. Er bestimmt den Preis und bezahlt meist erst gar nichts an die Bauern, bzw. mit sehr großer Verspätung. Die Bauern sind gezwungen, bei der Bank Kredite aufzunehmen, um überhaupt zu überleben. Diese Zuckerrohrfabrik, erzählte der Bauernvertreter, sei ein Joint-Venture-Projekt mit Indien, also ein Produktionsverbund eines indischen mit einem nepalesischen Unternehmen. Von der Regierung erhoffen sie sich in der Zwischenzeit keine Unterstützung mehr, sie unternimmt nichts gegen diese Form der Knebelung der Bauern.

Die Spülmaschine
Mit *Mina* erörterte ich die Frage einer Spülmaschine. Was ist das, eine Spülmaschine? Wie sieht sie aus, und für was braucht man sie denn?
Ich hatte die schwierige Aufgabe, ihr das Aussehen und die Funktionsweise einer Spülmaschine zu erklären. Hätte ich doch nur ein paar Bilder aus einer Küche mitgebracht! Wie sollte man die ganzen technischen Hilfsmittel, die sich

bei uns inzwischen in einer Küche befinden, erklären? Wir diskutierten, dass es kein Luxus ist, sondern dass Maschinen im Haushalt durch die Berufstätigkeit der Frauen notwendig geworden sind. Die hohe Rate der Erwerbstätigkeit der Frauen in Deutschland wäre ohne diese technische Ausstattung der Haushalte nicht möglich. Gleichzeitig ist dies natürlich auch eine enorme Erleichterung der recht stumpfsinnigen Hausarbeit. Und es wird deutlich, wie der technische Fortschritt auch das Leben der Menschen erleichtern kann.

Nach dem Essen wurden wir in die nepalesische „Spülmaschine" eingeführt. Vor dem Haus stand ein Brunnen, jeder der Gäste lief zum Brunnen, rieb sein Geschirr im Sand ab und spülte es mit Wasser sauber. Für unsere Kampagnenmitglieder war klar, dass jeder sein Geschirr selbst spült, auch die Männer. Aber im alltäglichen Leben macht dies die Frau allein. Es ist für sie schon gut, wenn sie dafür einen Brunnen vor dem Haus hat. Zu welch unsinniger Plackerei werden diese Frauen gezwungen! In vielen Bergdörfern sind die Frauen sogar gezwungen, das Wasser zum Kochen, Waschen, Spülen usw. aus einer weit entfernten Quelle zu holen.

Die Fahrt zum nächsten Ort nutzten wir dann, um mehr über die Bedingungen in der Landwirtschaft zu erfahren. Im schaukelnden Jeep erfuhren wir, dass in diesem Teil von Nepal die „größeren" Landwirtschaftsbetriebe zu finden sind. Dort werden Landarbeiter beschäftigt oder die Landlords haben noch Leibeigene. Uns wurde berichtet, dass es in Nepal zirka eine Million Landarbeiter gibt, die 80 Rupien, etwas mehr als einen Euro, pro Tag verdienen.

Wie hätte es anders sein können: Frauen verdienen in der Regel bis zu 20 Rupien am Tag weniger. Begründet wird dies damit, dass die religiöse Tradition es verbietet, dass die Frauen den Pflug schieben dürfen. Da sie diese schwere und verantwortungsvolle Arbeit nicht verrichten dürfen, können sie auch nicht so viel verdienen wie die Männer. Hier wie bei uns hat die Forderung nach gleichem Lohn für gleiche Arbeit seine Berechtigung und wird von ANWA auch aufgestellt.

Da dieser Lohn nicht zum Überleben reicht, sind die Landarbeiter oft nach zehn bis zwölf Stunden Arbeit gezwungen, auf einem Stück Land für den eigenen Bedarf anzubauen und einen Büffel fürs eigene Überleben zu halten. Rückschrittliche Produktionsmethoden, wie ein hölzerner Pflug mit zwei Ochsen, stehen hier landwirtschaftlichen Maschinen wie Traktoren gegenüber. Nimmt man den Standpunkt des Volkes ein, so gibt es keinen akzeptablen Grund, die Menschen unter rückschrittlichen Produktionsbedingungen arbeiten zu lassen. Für den Landlord dagegen ist es nur eine Rechenaufgabe: Lohnt es sich für ihn, eine Landwirtschaftsmaschine einzusetzen, oder stellt er sich „günstiger", die billigen Landarbeiter massenhaft arbeiten zu lassen.

Der Besuch eines Tharu-Dorfes

Häufig hatten wir den Wunsch geäußert, mal einen Spaziergang zu machen. Das war nie auf großes Verständnis gestoßen, denn in Nepal ist es ein Privileg, zu fahren. Als wir in der Stadt *Tulsipur* waren, bescherte uns unser Wunsch einen Besuch in einem *Tharu*-Dorf. Die *Tharu* sind ein Volksstamm in Nepal, der ungefähr 3,6 Prozent der Bevölkerung ausmacht. Häufig leben Menschen dieses Volksstamms noch unter den Bedingungen der Leibeigenschaft. Laut Internationaler Arbeits-Organisation (ILO) leben in Nepal noch 14 000 Menschen unter Bedingungen, die denen der Leibeigenschaft ähnlich sind. Das Dorf *Kharchawa*, das wir zu Fuß besuchten, besteht aus zirka 60 Familien mit jeweils etwa 16 Personen. Die Menschen sind gezwungen, auf den Feldern des Landlords zu arbeiten und bekommen dafür Lebensmittel zur Verfügung gestellt. Sie erhalten keinen Lohn!

Natürlich werden die Menschen nicht gezwungen, dort zu leben. Aber was sollen sie tun, wo sollen sie hin, wenn es keine anderen Arbeitsmöglichkeiten gibt?

Die Lebens- und Arbeitsbedingungen haben uns stark an die Produktionsbedingungen des Mittelalters erinnert, wie sie bei uns in Freilichtmuseen dargestellt werden. In Nepal handelt es sich aber um Arbeitsbedingungen der Gegenwart.

Da war die Lehmgrube, aus der mit der Hand Backsteine für den Hausbau geformt wurden.

Da wurden Kuhfladen auf den Hausdächern getrocknet, um Brennstoff für das Herdfeuer zu haben.

Da gab es zwei große Mühlsteine, mit denen der Mais für das Futter des Büffels gemahlen wird.

Neben ihrer fast 12-stündigen Arbeit auf den Feldern des Landlords müssen die Menschen noch auf einem etwa 500 bis 1 000 qm großen Landstück für sich selbst anbauen. Nicht selten werden Erzeugnisse dieser Fläche zum Markt getragen, um überhaupt etwas Geld zu verdienen, damit lebensnotwendige Dinge gekauft werden können. Oft waren es die Kinder, die auf dem Markt die Erzeugnisse verkauften, statt zur Schule zu gehen.

Ausbeutung lohnt nicht

Der *Pyuthan*-Distrikt liegt bereits in der Bergregion von Nepal und ist immerhin über einen schlechten Feldweg zu erreichen, der auch von Bussen und Lkws benutzt wird. Die Schlaglöcher auf diesem Weg waren so groß, dass ich mir nicht immer sicher war, ob der Jeep in einem solchen Loch nicht irgendwann einfach umfällt. Seitdem ich diese „Straßen" kennen gelernt habe, wundere ich mich nicht mehr über die Meldungen, die hier in den Zeitungen zu finden sind, dass in Nepal wieder einmal ein Bus ins Tal gestürzt ist. Bis vor 20 Jahren war es nur möglich, zu Fuß in diesen Distrikt zu gelangen. Hier gibt es bereits sehr hohe Berge und die Landwirtschaft hat mit schwierigen Bedingungen zu kämpfen: Die Bauern müssen sich kleine Terrassenfelder anlegen, um überhaupt landwirtschaftliche Nutzfläche zu erhalten. Landlords gibt es in dieser Gegend nur noch sehr wenige, denn die Erträge sind meist zu gering, Ausbeutung lohnt hier nicht.

Bereits im Schein von Taschenlampen – Strom gibt es in diesem kleinen Dorf nicht – stellte uns unser Gastgeber, ein Bauer, seine Familie vor. In Nepal wird es bereits um 19 Uhr dunkel, aufgrund der Nähe des Landes zum Äquator. Der Bauer beschrieb uns den Kampf um sein tägliches Überleben. Die Familie besitzt einen Hektar Land, das sie bewirtschaften kann, vier Kühe und einen Büffel. Von den Erträgen müssen sieben Familienmitglieder leben. Der Bauer und seine Ehefrau, der Sohn und seine Frau und deren drei Kinder. Der zweite Sohn ist bereits ins Ausland gegangen, da es hier nicht möglich ist, noch eine Familie zu ernähren.

Sie erwirtschaften gerade mal so viel, dass es zum Überleben reicht und das, obwohl drei Ernten im Jahr (Weizen, Mais, Reis) möglich sind. Sie können nur auf die primitivsten Produktionsmittel zurückgreifen, da sie finanziell nicht in der Lage sind, sich andere anzuschaffen. Das Getreide wird mit einer einfachen Sichel Halm für Halm abgeerntet.

Sie haben keine Möglichkeit, von ihren Erzeugnissen etwas zu verkaufen. So ist zum einen ein Markt nicht ohne weiteres zu erreichen, zum anderen erwirtschaften sie aber auch nicht genug. Ihre einzige Chance, Geld zu verdienen, ist gelegentlich eine Kuh oder einen Büffel zu verkaufen. Dieses Geld muss dann reichen, alles das anzuschaffen, was sie nicht selbst herstellen können.

Die Kreditgemeinschaft

Unser Gastgeber für diese Nacht berichtete, dass die Bauern aus der Nachbarschaft eine Kreditgemeinschaft gebildet haben. Es zahlen insgesamt 37

Bauernfamilien jeweils 20 Rupien (28 Cent) im Monat ein. Dieses Geld wird von ihnen selbst verwaltet. Sie machen sich so von keiner Bank abhängig und die Zinsen, die sie bezahlen, kommen ihnen selbst wieder zugute. Niemand bereichert sich durch diese Gemeinschaft, sondern das Geld steht ihnen selbst in vollem Umfang zu Verfügung. Diese Kreditgemeinschaft ist für diese Familien eine wichtige Einrichtung, um Anschaffungen zu machen oder um über Engpässe hinwegzukommen. Wer Geld braucht, bekommt es für ein halbes Jahr geliehen, muss aber 18 Prozent Zinsen bezahlen. Bezahlt er es nach einem halben Jahr nicht zurück, erhöhen sich die Zinsen auf 36 Prozent. Die Bauern gehen eher hart mit sich um.

Unser Gastgeber wollte sich aber nicht damit zufrieden geben, uns über seine Lebensbedingungen zu berichten; so nutzte er die Zeit des Frühstücks am nächsten Morgen, um uns über den Stand der deutschen Arbeiterbewegung auszufragen:
Wie stehen die Menschen zur Wiedervereinigung? Welche marxistisch-leninistischen Parteien gibt es in Deutschland und vor allem wie viele? Wie und mit welchen Forderungen kämpfen die Menschen in Deutschland um ihre soziale Befreiung? Fragen, die wir hier nicht erwartet hatten, aber bereitwillig beantwortet haben. Das Frühstück dauerte dann etwas länger und wir mussten uns ganz schön beeilen, um noch rechtzeitig zur nächsten Veranstaltung zu kommen.

Kaum industrielle Entwicklung

Dass wir in den Bergregionen Nepals auf keine Industriebetriebe stoßen, hatten wir erwartet; um so mehr haben wir im *Terai* danach Ausschau gehalten. Denn die Frauen erzählten uns immer wieder, dass es eines ihrer größten Probleme ist, dass es in Nepal keine Arbeitsplätze gibt. Sehr viele Menschen werden in die Familienlosigkeit gedrängt. Die Männer sind gezwungen, im Ausland zu arbeiten und können höchstens alle ein bis zwei Jahre zu Besuch nach Hause kommen. Oft verdienen sie so wenig, dass sie kaum Geld nach Hause schicken können.

In *Nepalgunj*, einer der wenigen größeren Städte im *Terai* und nahe der Grenze zu Indien, konnten wir ein Industriegebiet entdecken. Aber wir bekamen fast nur geschlossene Fabriken zu Gesicht. Die Vertreter der *NPF* berichteten uns, dass diese Werke dem internationalen Konkurrenzkampf nicht standhalten konnten und in den Ruin getrieben wurden. Auch würde die Entwicklung der nationalen Industrie vor allem von Indien durch einseitige Handelsabkommen zunichte gemacht. So sei Indien zwar daran interessiert, Produkte nach Nepal zu exportieren, aber kaum daran interessiert, aus Nepal zu importieren. Es gäbe keine Beschränkungen für die Einfuhr von Waren aus Indien. Der Export von Nepal nach Indien sei aber mit hohen Zöllen belegt. Bisher hätte Indien erfolgreich verhindert, dass sich in Nepal eine Fahrzeugbauindustrie entwickelt. Alle Lkws, alle landwirtschaftlichen Maschinen, die wir gesehen haben, wurden aus Indien importiert. Durch die geografische Lage von Nepal, das an drei Seiten an Indien grenzt und im Norden durch die Gebirgskette von China getrennt ist, ist es sehr schwer, einen Handel unabhängig von Indien aufzubauen. Die Entwicklung einer eigenen Industrie wird regelrecht verhindert. Insgesamt hat Nepal ein beträchtliches Außenhandelsdefizit. Die Einfuhren sind dreimal so groß wie die Ausfuhren. Mit 27 Prozent war 1997 Indien Nepals größter Importeur.

Dementsprechend entwickelt sich in Nepal eine umfassende handwerkliche Kleinstproduktion, mit denen die Menschen versuchen, ihr Überleben zu sichern. Unzählige Schreinereien, Reparaturwerkstätten für die wenigen landwirtschaftlichen Maschinen, Lkws und Autos entstehen entlang der Straßen in den Städten und Dörfern.

Neben Indien sind die BRD und die USA die wichtigsten Handelspartner von Nepal. Bei den Exporten Nepals stand die BRD 1997 mit 34 Prozent an erster Stelle, was in erster Linie durch die Teppichindustrie begründet ist. Die USA standen 1997 mit 26 Prozent an zweiter Stelle. Beim Import steht Indien mit 27 Prozent an der Spitze, gefolgt von Hongkong mit 15 Prozent und Japan mit 11 Prozent.

Der Fremdenverkehr spielt für Nepal eine immer wichtigere Rolle. 1995 stammten 48 Prozent der Deviseneinnahmen (170 Millionen US-Dollar) aus dem Fremdenverkehr. Knapp ein Drittel der Touristen kam aus Indien, während aus den USA, Deutschland und Frankreich etwa jeder sechste Tourist stammt.

Nepals Teppichindustrie

In Nepals Teppichindustrie arbeiten nach offiziellen Angaben zur Zeit 150 000 meist junge Frauen und Mädchen. Wobei viele kleine Fabriken nicht registriert sind. Nach Schätzungen der *ANWA*-Vertreterinnen arbeiten bis zu 250 000 Menschen in der Teppichindustrie, die vollständig auf den Import der Rohwolle angewiesen ist. 1999 gingen 75 Prozent der Produktion nach Deutschland, 9 Prozent in die USA und die übrigen 16 Prozent in die Schweiz, nach England, Belgien und Österreich.

Bei dem Wort „Industrie" tauchte bei mir sofort das Bild einer großen Fabrik-anlage auf. Davon musste ich mich frei machen, um eine Vorstellung von der Teppichindustrie Nepals, einem wichtigen Bereich der Wirtschaft, bekommen zu können. Bei den Fabriken handelt es sich in der Regel um kleine Räume, in denen auf engstem Raum mehrere Webstühle stehen und an denen jeweils zwei, drei Frauen oder Mädchen arbeiten.

Es war sehr schwierig, eine Besichtigung in einer dieser „Fabriken" durchzu-setzen. Unsere ANWA-Frauen mussten sehr viel Überredungskünste aufwen-den. Die Angst bei den kleinen Fabrikbesitzern war sehr groß, dass wir Vertre-ter internationaler Nichtregierungsorganisationen (NROs) sind, die ihr Werk auf Kinderarbeit überprüfen wollen. In den Jahren 1992/93 gab es eine Kampagne verschiedener NROs gegen Kinderarbeit, erklärten uns die ANWA-Vertreterin-nen. Dies führte zu einem weitgehenden Zusammenbruch der Produktion. Die deutschen Handelspartner wollten nur noch Teppiche abnehmen, die nicht von Kindern produziert wurden, an ihrer Gewinnspanne sollte sich dadurch aber natürlich nichts ändern. Der ganze Druck wurde auf die kleinen Teppichfabri-kanten abgewälzt. Sie sollten Erwachsene einstellen, aber zu gleich niedrigen Preisen die Waren verkaufen.

Anscheinend hat diese ganze Entwicklung nur dazu geführt, dass ein Großteil der Teppichindustrie weiter in die Illegalität getrieben wurde. So steht im Nepal-Jahrbuch 2000, herausgegeben vom Institute for Integrated Development Stu-dies, dass nur noch 240 Fabriken ordnungsgemäß gemeldet sind, es aber min-destens 1 000 solcher Produktionsstätten gibt.

In diesen angemeldeten Fabriken sei die Kinderarbeit auf ein Prozent gesun-ken. Weiter schreibt der Bericht, dass in Nepal schätzungsweise 2,6 Millionen Kinder arbeiten, was die Hälfte der nepalesischen arbeitsfähigen Kinder aus-macht. Dies macht deutlich, dass diese NRO-Kampagnen an der tatsächlichen Kinderarbeit letztlich nichts geändert haben. Im Gegenteil, sehr viele Familien sind unter den Bedingungen in Nepal darauf angewiesen, dass ihre Kinder arbeiten; ohne deren Einkommen können sie letztlich nicht überleben. Die Ver-treterinnen von ANWA vertraten in dieser Situation, dass sie sich nicht gene-rell gegen die Kinderarbeit aussprechen, sondern es ihr Bestreben ist, sich für die Verbesserung der Arbeitsbedingungen einzusetzen. Die Kinder sind oft die einzigen Familienmitglieder, die überhaupt Geld durch die Arbeit in den Teppich-fabriken verdienen. Dies ist ein Kampf, den die Familien, die Kinder und auch ANWA oder andere Organisationen entwickeln und führen müssen. Sie sehen dies als einen Schritt an, sich gegen kapitalistische Ausbeutung insgesamt stark zu machen. Sie standen dieser Kampagne, die von außen über ihre Köpfe hinweg organisiert wurde, sehr skeptisch gegenüber: *„Warum wird hier nicht mit uns zusammengearbeitet?"*, fragen sie zu Recht.

Die Erfahrungen der sozialistischen Volksrepublik China in den 50er, 60er und 70er Jahren haben auf der Grundlage der Abschaffung der Ausbeutung des Menschen durch den Menschen gezeigt: Es ist sinnvoll, Kinder entsprechend ihrem Entwicklungsstand und ihren Fähigkeiten an der gesellschaftlichen Produktion zu beteiligen. Sie können so früh lernen, Verantwortung für die gesellschaftliche Entwicklung zu übernehmen und das schulische Lernen ist eng mit ihren konkreten Erfahrungen verknüpft.

Besuch einer Ziegelei im Kathmandu-Tal

Im *Kathmandu*-Tal hatten wir die Möglichkeit, eine etwas größere Ziegelei zu besichtigen. Am Abend zuvor organisierten unsere *ANWA*-Freundinnen eine sehr interessante Gesprächsrunde mit den dortigen Gewerkschaftsmitgliedern für uns. Auch bei dieser Gewerkschaftsorganisation handelt es sich um eine Massenorganisation der *NCP (Mashal)*. Ähnlich wie die Frauenorganisationen sind die Gewerkschaftsorganisationen in Nepal meistens parteigebunden, was bedeutet, dass jede Partei ihre eigene Gewerkschaft hat.

Der örtliche Gewerkschaftsvorsitzende erzählte uns, dass diese Ziegelei 1967 mit Unterstützung der Volksrepublik China gebaut wurde und bereits 1970 in staatlichen Besitz übergegangen ist. Es waren zu dieser Zeit ungefähr 400 fest angestellte Arbeiter beschäftigt. Die Entwicklung dieser Industrie führte damals auch dazu, dass sich im ganzen Tal eine Gewerkschaftsbewegung entwickelte und sich die Menschen elementare soziale Errungenschaften erkämpften. So unter anderem ein betriebliches Rentensystem, da in Nepal ein völlig unzureichendes gesetzliches Rentensystem existiert. Die staatliche Rente beträgt umgerechnet 2 Euro im Monat ab einem Alter von 70 Jahren.

Eine wichtige und spannende Diskussion führten wir hier über unsere Erfahrungen einer überparteilichen Gewerkschafts-, aber auch Frauenarbeit und wie elementar es ist, diese Überparteilichkeit auch zu verteidigen. Denn wir stellten es uns als sehr schwer vor, in einem Betrieb einen Kampf für konkrete Verbesserungen der Arbeitsbedingungen oder gegen die Ausbeutung zu führen, wenn die Beschäftigten in unterschiedlichen Gewerkschaften organisiert sind: Wie führt ihr hier einen solchen gemeinsamen Kampf, aber auch die Auseinandersetzung über die unterschiedlichen Vorstellungen? Es zeigte sich, dass es tatsächlich nicht einfach ist. Anschaulich konnten wir von den Erfahrungen in Deutschland im Kampf um die Einheitsgewerkschaft berichten. In den 20er Jahren war die reformistische Gewerkschaftsführung in Deutschland dazu übergegangen, den wachsenden Einfluss der Kommunistischen Partei Deutschlands (KPD) in den Gewerkschaften mit Massenausschlüssen von Kommunisten zu bekämpfen. Die daraufhin von der KPD gebildete RGO (Revolutionäre Gewerkschaftsopposition) sollte die ausgeschlossenen Gewerkschaftmitglieder zusammenfassen. Doch zunehmend entwickelten sich hieraus eigenständige rote Gewerkschaften. Mit dem Machtantritt Hitlers wurden die Gewerkschaften zerschlagen. Viele Sozialdemokraten und Kommunisten fanden erst in den Konzentrationslagern wieder zusammen. Aufgrund dieser Erfahrungen forderte nach dem II. Weltkrieg die Masse der Gewerkschafter die Bildung wirklicher demokratischer Einheitsgewerkschaften. Mit großem Interesse verfolgten unsere Gesprächspartner unsere Darlegungen.

Privatisierung von Nepals staatlicher Industrie

Seit den 90er Jahren ist in Nepal eine systematische Privatisierung betrieben worden, die meisten staatlichen Betriebe sind oft an ausländische Unternehmen verkauft worden. Die weitere Privatisierung der Staatsbetriebe preist die nepalesische Regierung sogar über das Internet an. So wurde für das Jahr 2000 der Verkauf der *Nepal Tea Development Corporation*, der *Butwal Power Company* und dreier Zementfabriken angepriesen. Diese Privatisierung ist ein regelrechter Ausverkauf der nationalen Wirtschaft und bedeutet eine Verstärkung der Abhängigkeit von internationalen Konzernen, die diese Industrien aufkaufen. Soll das die Methode sein, mit der Nepal sich aus der Staatsverschuldung lösen soll, die sich 1997 auf 2,4 Milliarden US-Dollar belief? So wendete Nepal 1995 bereits 59 Millionen US-Dollar für die Schuldentilgung auf. Die Schulden werden bezahlt und die Bevölkerung verhungert?

1993 wurde auch die von uns besuchte Ziegelei privatisiert, was mit einer umfassenden Verschlechterung der Arbeitsbedingungen verbunden war. Die Gewerkschaftmitglieder berichteten uns, mit welchen Überredungskünsten die Arbeiter dazu gebracht wurden, Aktien zu kaufen, um das vermeintlich bankrotte Werk zu sanieren. Insgesamt 25 Prozent des zu investierenden Kapitals sollten die Beschäftigten über Aktienkauf selbst aufbringen. Das wurde dann auch von 95 Prozent von ihnen gemacht. Seitdem werden an die Arbeiter jedoch weder die Löhne noch die „Gewinnanteile" pünktlich ausbezahlt. Ähnlich

Kathmandu-Tal; selbst bei teilmechanisierter Produktion in einer Großziegelei bleibt viel Handarbeit über

wie bei uns sollen sie sich den Kopf um das Wohlergehen des Werkes zerbrechen, ein Unternehmen, das angeblich mehr Schuldzinsen zurückzahlen muss als es Gewinne erwirtschaftet. Entsprechend wurden die Arbeitsbedingungen der Arbeiter massiv verschlechtert. Zwar arbeiten in dem Werk immer noch an die 400 Arbeiter aber nur noch zwölf Kollegen haben feste Arbeitsverträge. Die übergroße Mehrheit sind Kontraktarbeiter oder Tagelöhner. Die Kontraktarbeiter bekommen entsprechend der Auftragslage sehr kurzfristige Zeitverträge, die Tagelöhner sind gezwungen, täglich ihre Arbeitskraft anzubieten, und sie wissen nicht, ob und an welchem Tag sie tatsächlich arbeiten können. Entsprechend diesen Erfahrungen kämpfen die Gewerkschaften jetzt vor allem gegen die weitere Privatisierung und die Kontraktarbeit.

Es wurde deutlich, dass nicht nur in der Frauenbewegung der internationale Erfahrungsaustausch und der gemeinsame Kampf erforderlich ist, sondern auch in der Gewerkschafts- und Arbeiterbewegung. Bei der Besichtigung am nächsten Tag konnten wir gemeinsam mit den Gewerkschaftsvertretern überschlagen, dass die Ziegelei immerhin einen täglichen Umsatz von ungefähr 200 000

Frauen im Straßenbau

Rupien macht, bei einem ungefähren Lohnkostenanteil von 35 000 Rupien. An Materialkosten fällt nicht viel an, da der Lehm direkt aus dem an die Fabrik angrenzenden Gelände gewonnen wird.

Mit dem Ausnahmezustand versuchen die Herrschenden, den Freiheitswillen des Volkes zu brechen

Man kann sich vorstellen, dass sich ein Volk auf Dauer eine solche Armut nicht gefallen lässt. Und es war wieder auf einer der langen Jeepfahrten, auf der wir mehr über die Bedeutung und Verankerung der revolutionären Bewegung in Nepal erfuhren. Unsere *ANWA*-Vertreterinnen hatten die Einschätzung, dass die große Mehrheit der Bevölkerung sich mit der Idee des Sozialismus verbunden

Viele Frauen verdienen sich ihren Lebensunterhalt, indem sie Kiesel zu Schotter zerschlagen

Kusmi Shera; Bretter werden häufig von Hand gesägt

fühlt. Die geografische Nähe zu dem ehemals sozialistischen China war ein Grund dafür, dass es in Nepal eine breite marxistisch-leninistische Bewegung gibt.

Aber wie kommt es, dass diese Bewegung so zersplittert ist, war unsere nächste Frage. Immerhin gibt es in Nepal an die zehn Parteien, die sich als linke oder revolutionäre Parteien bezeichnen, in der Praxis aber doch eine sehr unterschiedliche Politik machen. Da musste der Vertreter der *NCP (Mashal)* schon etwas weiter ausholen, denn dafür gibt es nicht nur einen Grund.

Erst seit den 90er Jahren sind in Nepal Parteien zugelassen. Die meiste Zeit mussten sie illegal arbeiten. Dazu kam, dass es in Nepal kaum Straßen, Telefon, Post oder Ähnliches gab. Wie sollte man sich da richtig auseinandersetzen, wenn die Parteien verboten waren oder man sechs Tage laufen musste, um in den nächsten Distrikt zu kommen? Gründliche Auseinandersetzungen über die wichtigen weltweiten Entwicklungen waren so nicht einfach zu führen und be-

Schusterhandwerk in Pyuthan

52

Nepalgunj; ein Großteil der nationalen Industrie hat dem hauptsächlich indischen Konkurrenzdruck nicht standgehalten

stimmte Differenzen konnten nicht ausgetragen werden. So wie er uns berichtete, gab es wohl wenig Differenzen darüber, dass die Sowjetunion recht früh den sozialistischen Weg verlassen hatte, schwieriger war es, eine Einheit über die Entwicklung in China zu erhalten. So vertritt seine Partei den Standpunkt, dass auch China nach dem Tod von Mao Tsetung den sozialistischen Weg verlassen hat. Auch über den Weg, wie Nepal aus der Abhängigkeit von anderen Ländern und zum Sozialismus kommt, gibt es wohl unter den revolutionären Parteien recht unterschiedliche Vorstellungen.

In der Presse bei uns wird die breite revolutionäre Strömung Nepals, ihre Verankerung unter der Bevölkerung und der ungebrochene Freiheitswille des Volkes totgeschwiegen, und man gewinnt in Deutschland den Eindruck, als würde es nur die CPN (Maoist) geben, die mordend durch das Land zieht

Natürlich wollten wir wissen, was es mit dieser CPN (Maoist) auf sich hat, die nach offiziellen Verlautbarungen der Grund für den Ausnahmezustand ist. So wie uns berichtet wurde, ist diese Gruppe in drei bis vier Distrikten des Landes relativ stark vertreten und unterhält dort auch Militärcamps. Bei den Menschen,

Distrikthauptstadt Baglung; auch hier werden Ziegel vollständig mit der Hand produziert

mit denen wir Kontakt hatten, war diese Gruppe nicht gut angesehen. Sie berichteten uns von nächtlichen Überfällen, in denen sich die *CPN (Maoist)*-Vertreter Unterstützung in Form von Geld und Lebensmitteln erpressten. Auch von Vergewaltigungen wurde gesprochen – die Frauen und Familien schlossen sich jede Nacht ein. Auch wir wurden eindringlich gewarnt, uns jede Nacht in unseren Zimmern einzuschließen. Es fanden in der Zeit, in der wir in Nepal waren, auch etliche bewaffnete Auseinandersetzungen zwischen dem Militär und dieser Gruppe statt. Als wir zu Gast bei Durga Paudels Bruder waren, in der Umgebung der Distrikthauptstadt *Kapilvastu*, gab es keinen Strom und das Telefon funktionierte nicht. Ihr Bruder erzählte, dass wenige Tagen zuvor von den Leuten der *CPN (Maoist)* die Telefon- und Stromleitungen zerstört worden waren, um so besser gegen das Militär kämpfen zu können.

Der Vertreter der *NCP (Mashal)* erzählte, dass diese Gruppe über sehr viel Geld verfügen würde, mit dem sie in der Zwischenzeit sehr viele kriminelle Elemente in ihre Reihen gelockt hätte.

Linsendreschen von Hand

Dass diese Menschen sich zu unrecht als Anhänger Mao Tsetungs bezeichnen, belegt ein kurzes Zitat von Mao Tsetung, in dem er das Verhältnis der Marxisten-Leninisten zu den Massen beschreibt:

„Wenn man sich mit den Massen verbinden will, muß man den Bedürfnissen und Wünschen der Massen entsprechend handeln. Bei jeder Arbeit, die für die Massen geleistet wird, muß man von den Bedürfnissen der Massen ausgehen und nicht von irgendwelchen persönlichen Wünschen, und seien diese noch so wohlmeinend ... Hier gibt es zwei Prinzipien. Das eine lautet: Man muß von den realen Bedürfnissen der Massen ausgehen, nicht aber von solchen, die wir uns einbilden. Das andere besagt: Die Massen müssen es selbst wünschen, der Entschluß muß von den Massen selbst gefaßt werden, nicht aber von uns an ihrer Statt". („Die Einheitsfront in der Kulturarbeit", Mao Tsetung, Ausgewählte Werke, Bd. III, S. 216/217)

Richtet sich der Ausnahmezustand wirklich nur gegen diese Gruppe oder geht es dabei viel mehr darum, insgesamt den Freiheitswillen der Bevölkerung zu

Kusmi Shera: Gedenkminute für die Opfer des Ausnahmezustandes

brechen? Die „Frankfurter Rundschau" vom 27. 3. 02 schreibt: „... *nach Angaben von amnesty international sind 3 300 Menschen, darunter viele Rechtsanwälte, Journalisten, Studenten, und Lehrer wegen des Verdachts festgenommen worden, Mitglieder oder Sympathisanten der maoistischen Untergrundorganisation zu sein. Dabei wird nach Meinung vieler einheimischer Beobachter von einer wenig erfahrenen Armee kräftig über die Stränge geschlagen, werden Menschen gefoltert, bleiben Angehörige ohne Nachricht ...*"

Wir mussten Erfahrungen machen, die diesen Bericht bestätigen. Tatsächlich richtet sich der Ausnahmezustand vor allem gegen die Bevölkerung.

Weiterfahrt nicht möglich

Nach einer erfolgreichen Veranstaltung in *Tribhuvan Basti* wollten wir zum nächsten Ort fahren. Dies war jedoch nicht möglich. Wir wurden am Weiterfahren vom Militär gehindert, und ich muss zugeben, mir war nicht ganz wohl

Distrikt Kanchanpur; Armee lässt nachts ein Dorf durch Elefanten niedertrampeln

bei der Sache. Genau am Tag zuvor hatte das Militär mit Elefanten die Häuser eines ganzen Dorfes zerstört. Was war der Grund?

Die Dorfbewohner hatten vor 25 Jahren das Land besetzt und bewirtschaften es seit dieser Zeit. Die Regierung stellt sich nun auf den Standpunkt: Entweder sollen die Menschen das Land kaufen oder es verlassen. Aber von welchem Geld sollen diese Menschen das Land kaufen?

In Nepal gibt es ein Gewohnheitsrecht, demzufolge ein Land, das man zwölf Jahre besetzt hat, auch behalten kann. Die Menschen waren sehr aufgebracht, sie sagten, eher würden sie sich vom Militär erschießen lassen, als ihr Land zu verlassen. Sie haben keine andere Perspektive. Unser mitreisender Vertreter der *NPF* kam zu der Einschätzung, dass der Ausnahmezustand genutzt wird, um jetzt gegen diese Menschen vorzugehen. Denn im Ausnahmezustand ist jeder Protest und jede öffentliche Kritik an der Regierung und am Militär verboten. Dennoch bleibt den Menschen keine andere Wahl als den Kampf um ihr Leben aufzunehmen.

Distrikt Kapilvastu; Armee brennt Dorf nieder

Ein Dorf wird niedergebrannt

Leider war dies nicht die einzige Erfahrung in dieser Richtung. Zwei Wochen später, als wir die Distrikthauptstadt *Kapilvastu* verlassen hatten, haben wir außerhalb des Ortes Menschen aufgesucht, deren Dorf genau in der Nacht zuvor vom Militär niedergebrannt wurde.

Als wir fassungslos vor diesen rauchenden Aschenhaufen standen, die Menschen und die vielen Kinder sahen, die jetzt obdachlos waren, erzählte uns *Durga Paudel*, dass diesen Menschen innerhalb von 14 Monaten bereits zum vierten Mal die Hütten niedergebrannt wurden.

Was ist der Grund dafür? Wieder ging es um Brachland, das die Menschen besetzt hatten, um überhaupt eine Lebensgrundlage zu haben. Ohne Strom- und Wasserversorgung bauen sich die Menschen, unterstützt von *ANWA* und der *NPF*, hier ihre Hütten auf, um durch Anbau von Nahrungsmitteln eine Existenzgrundlage zu haben.

Wie uns *Durga Paudel* erzählte, hatte sich dieses 100 Hektar große Gemeinde-land ein ehemaliger Landwirtschaftsminister unrechtmäßig angeeignet und lässt jetzt mit Hilfe des Militärs dieses Land immer wieder räumen, denn es sei ja sein Eigentum, das geschützt werden müsse.

Der Überlebenswille, der Lebensmut dieser Menschen ist unglaublich. In dem niedergebrannten Dorf herrschte emsiges Treiben. Die geretteten Habselig-keiten wurden zusammengetragen, mit Besen wurde die Asche weggefegt, und sofort haben sie begonnen, ihre Hütten wieder aufzubauen.

Als es an diesem Tag dann auch noch fürchterlich regnete, musste ich immer wieder an diese Menschen denken. Wie werden sie diese und die nächsten Nächte verbringen? Werden sie es schaffen, ihre Hütten wieder aufzubauen, das Land zu bestellen?

Aber gleichzeitig kam mir die Verbundenheit dieser Leute mit *ANWA* und der *NPF* in den Sinn. Sie stehen nicht alleine da. Sie führen diesen Kampf bereits seit vier Jahren gemeinsam und sie können mit der Unterstützung der Bevöl-kerung rechnen. Das sind sehr gute Voraussetzungen, ihren Kampf für ein Sied-lungsrecht auf diesem Land erfolgreich zu führen.

Wie wir am nächsten Tag erfahren haben, konzentriert in diesem Distrikt *ANWA* gemeinsam mit der *NPF* ihre Arbeit darauf, diesen landlosen Familien beim Auf-bau einer eigenen Existenz zu helfen. *ANWA* hat die unrechtmäßige Aneignung des Landes und private Bereicherung durch den ehemaligen Minister öffent-lich gemacht und noch in diesem Jahr wird der Vorgang vor dem obersten Ge-richt verhandelt.

Auch hier war also der Ausnahmezustand genutzt worden, um gegen die Be-völkerung vorzugehen. Getreu nach dem Motto: Widerstand verboten!

Der Kampfwille der Bevölkerung ist ungebrochen

Weitere Erfahrungen kamen während unseres Aufenthaltes in Nepal dazu:

- Mitglieder des Kampagnenteams wurden zusammengeschlagen.

- Bauern, die nach der Ausgangssperre noch auf ihren Feldern gearbeitet ha-ben, wurden erschossen; in der Zeitung aber stand: *„Maoist erschossen"*.

- Vier Mitglieder der *National People's Front* im *Baglung*-Distrikt wurden ge-zielt verhaftet und ermordet.

- In den Bergen *Baglungs* liegt der Ort *Kusmi Shera*, er ist nicht mit dem Auto zu erreichen. Die einzige Verbindung ist ein schmaler Pfad. Es war verboten, mit Maultieren Lebensmittel dorthin zu transportieren, angeblich um die *CPN (Maoist)* auszuhungern.

Häufig liest man in unseren Zeitungen, dass der Ausnahmezustand zur „Terroristenbekämpfung" verhängt worden sei. Nichts liest man aber, dass dieser Ausnahmezustand darauf abzielt, die Bevölkerung einzuschüchtern und vor allem fortschrittliche Kräfte im wahrsten Sinne des Wortes mundtot zu machen. Die USA haben Nepal bereits mit in ihren so genannten „Anti-Terror"-Krieg eingeschlossen.

Nach und nach erfuhren wir darüber einzelne Fakten. So zählt US-Präsident Bush Nepal zu einem der kritischen Länder am Rande der von ihm ausgemachten „Achse des Bösen" und ist bereits dabei, ein Paket mit Waffen, Munition und anderem militärischem Gerät zu schnüren. Dafür und für ein begleitendes „soziales" Paket wollen die USA rund 200 Millionen Dollar ausgeben. Dazu besuchte US-Außenminister Colin Powell Nepal und bot amerikanische Unterstützung bei der Bekämpfung der „Terroristen" an. Das nepalesische Militär wird direkt durch Angehörige der US-Streitkräfte beraten und die Errichtung eines Militärstützpunktes der USA in Nepal vorbereitet. Bisher hatte das nepalesische Parlament den Vorschlag der USA zu einem Militärstützpunkt abgelehnt, berichteten uns die Vertreter der *NPF*. Soll jetzt mit Hilfe der USA der Freiheitswille der Bevölkerung gebrochen werden?

Wir haben den Kampfwillen der Bevölkerung in Nepal gesehen. Wir sind sicher, es wird den Herrschenden in Nepal nicht gelingen, diesen tiefen Wunsch nach Freiheit und einem besseren Leben zu ersticken. Empört und eher etwas unbekümmert haben wir auf den Veranstaltungen in Nepal öffentlich gegen diesen „Terror" gegen die Bevölkerung protestiert und die Menschen ermutigt, ihren Kampf um ihre Befreiung weiter zu führen.

Bevor wir *Butwal* erreichen, um dort eine größere Saalveranstaltung durchzuführen, fasste mich unser Vertreter der *NCP (Mashal)* am Arm und meinte, ich solle mich doch heute mit meinem Protest gegen den Ausnahmezustand etwas zurückhalten. Hier in der Stadt wüssten sie nicht, wer alles käme. Ich war zuerst etwas irritiert, aber dann wurde mir schlagartig klar, dass ich mit diesem öffentlichen, freimütigen Protest unsere eigene und die Sicherheit des gesamten Teams gefährdet habe.

Es ist Teil des Erfolges dieser Frauenkampagne, dass sie überhaupt stattgefunden hat – trotz des Ausnahmezustandes. Denn es war die einzige öffentliche politische Aktion in dieser Zeit des Ausnahmezustandes in Nepal. Die Kampagne hat nicht nur die Frauen ermutigt, unter keinen Umständen aufzuhören, um ihre Rechte zu kämpfen. Es war eine Ermutigung für die gesamte Bevölkerung in diesem Teil Nepals. Für die Bewohner war es nicht immer einfach, sich zu entscheiden, die Versammlungen zu besuchen, wusste man doch nie, was passiert, ob sie in eine Militärkontrolle geraten oder ähnliches. Nach Schätzungen der ANWA-Frauen haben sich zirka 20 000 Menschen an dieser Kampagne beteiligt und gezeigt, sie werden weiter gegen Ausbeutung und Unterdrückung kämpfen. Einzelne Frauen hatten sechstägige Fußmärsche hinter sich, um an einer Veranstaltung teilnehmen zu können. Dies bringt ihre tiefe Verbundenheit mit der Bewegung zum Ausdruck aber auch ihren unbändigen Willen nach Befreiung.

Nepals Frauen erheben sich gegen Ausbeutung und Unterdrückung

Unser Reisegefährt, der Jeep, transportierte nicht nur unser Gepäck, sondern manchmal bis zu 19 Personen. Dass dies möglich ist, hätte ich vorher glatt verneint. Aber unsere erste Lektion hatten wir ja auch schon gelernt, als wir am Tag nach unserer Ankunft gebeten wurden, unser Gepäck von zwei Koffern auf einen zu reduzieren, denn für mehr sei kein Platz. Jetzt wussten wir auch warum.

Die erste Veranstaltung, an der wir teilgenommen hatten, war im äußersten Südwesten Nepals, in *Beloyri*. Von dort aus ging es dann durch elf Distrikte zurück nach *Kathmandu*.

Morgens um 9 Uhr wurde auf dem Schulhof in *Beloyri* das erste Treffen abgehalten, zu dem zirka 150 Frauen, Kinder und auch Männer gekommen waren. Sie alle wollten hören, was *ANWA* zu sagen hatte, warum sie sich für das Eigentumsrecht der Frauen einsetzen, aber auch, wie sie zum Ausnahmezustand stehen. Wir waren überwältigt von dem herzlichen Empfang und dem großen Interesse an der Entwicklung in Deutschland. Völlig überrascht wurden wir von dem Wunsch, nach Abschluss der Veranstaltung der örtlichen Zeitung ein Interview zu geben.

Leider war danach kaum Zeit, sich noch mit den Frauen zu unterhalten, denn es gab am selben Tag um 15 Uhr eine Veranstaltung in *Dhangarhi* mit über 200 Teilnehmenden. Und vorher waren wir natürlich noch in einem *Tharu*-Dorf zum Essen geladen. Wir waren überrascht über das große Interesse an diesen Veranstaltungen. An diesem ersten Tag waren bereits 350 Menschen zu den Veranstaltungen gekommen. Und das an einem normalen Arbeitstag und während des Ausnahmezustandes. Wie viele wären es wohl geworden, wenn es keinen Ausnahmezustand gegeben hätte?

Wir teilten unsere Freude über diese große Beteiligung den *ANWA*-Frauen mit. Wir bekamen zur Antwort: *„Hier im Westen machen wir erst Aufbauarbeit, hier sind wir noch nicht so gut vertreten."*

Dies machte uns sehr neugierig auf das, was noch kommen würde. Auch waren wir glücklich über die große Herzlichkeit, die uns entgegengebracht wurde. Es war das erste Mal, dass eine ausländische Delegation die Frauen hier vor Ort in ihren Dörfern besuchte. Öfter, so erzählten sie uns, kommen Vertreterinnen von ausländischen *NROs* und Parteien nach Nepal. Sie nehmen in *Kathmandu* oder einer anderen Stadt an Kongressen teil und reisen wieder ab. Dass ausländische Gäste tatsächlich an ihrem Alltagsleben teilnehmen und sich an einer solchen Kampagne durch das ganze Land beteiligen, das kannten sie bisher noch nicht. Es wurde uns hoch angerechnet, dies auch in der gegenwärtigen politisch heiklen Situation zu machen.

Geduldige Überzeugungsarbeit gegen die feudal-patriarchalischen Traditionen

Warum es eines der wichtigsten Ziele der Kampagne war, ein öffentliches Bewusstsein über die berechtigten Forderungen der Frauen herzustellen, haben wir erst im Laufe der Kampagne richtig begriffen. Hörte es sich für uns doch alles so selbstverständlich an, was sie in ihrer Charta für Frauenrechte geschrieben hatten. Aber so nach und nach lernten wir die Traditionen kennen, mit deren Hilfe die besondere Unterdrückung der Frau organisiert wird. Sie haben im wesentlichen ihre Wurzeln noch im Feudalismus und werden über die Religion unter der Bevölkerung verankert. So machten die *ANWA*-Frauen auf

68

der Versammlung in *Tribhuvan Basti* eine Überzeugungsarbeit unter den anwesenden Frauen und Männern gegen folgenden Brauch:

Frauen und Mädchen, die ihre Menstruation haben, müssen für diese Zeit die Familie verlassen, weil sie „unsauber" sind. Wenn sie Glück haben, ist außerhalb des Dorfes für sie ein kleiner Unterschlupf gebaut, in dem sie sich aufhalten können, bis ihre Menstruation wieder vorbei ist und sie zurück in die Familien können. Wenn die Kinder noch sehr klein sind, werden sie von den Müttern mitgenommen, sind die Kinder größer, bleiben sie in der Familie. Bis dahin hatte ich von solchen Bräuchen noch nichts gehört und es war für mich unglaublich, dass es so was heute noch gibt.

Weiter berichteten sie uns hier über das so genannte Tochteropfer, das Bestandteil der hinduistischen Religion ist. Es handelt sich um den Kult der jungfräulichen *Kumari*. Hier werden junge Töchter oft im Alter zwischen drei und vier Jahren von Priestern ausgewählt und in einen Tempel gebracht, um dort als mit Gott verheiratete junge Frau zu leben. Mit dem Beginn der Menstruation müssen diese Jugendlichen den Tempel verlassen. Die *Kumari* verliert ihre Position und kehrt in die Familie zurück. Das weitere Leben dieser Mädchen ist allerdings nicht mehr sehr göttlich, denn meist finden diese Frauen keine Ehemänner. Denn diese fürchten die vermeintliche überirdische Macht dieser jungen Frauen. Als *Kumari* haben sie keine Schule besucht, so dass es für diese Frauen sehr schwer ist, Geld zu verdienen. Die *ANWA*-Frauen erzählten uns, dass diese Mädchen nicht selten als Prostituierte enden, da sie keine andere lebenswerte Alternative finden.

Als wir Wochen später in *Kathmandu* waren, mussten wir mit ansehen, wie solch ein junges Mädchen in den Tempel gebracht wurde. Die Feierlichkeit, die dabei vermittelt wurde, konnten wir auf Grund unseres Wissens der Hintergründe nicht nachempfinden.

Im Laufe der Zeit lernten wir einige Sprüche kennen, die die frauendiskriminierende Tradition recht anschaulich wiedergeben. Und wir konnten immer besser verstehen, dass es nötig ist, ein öffentliches Bewusstsein für die berechtigten Forderungen der Frauen zu schaffen. Einige der Sprüche möchte ich den Leserinnen und Lesern nicht vorenthalten:

- Wird ein Sohn geboren, soll dies mit dem Opfer einer Ziege gefeiert werden; ist es eine Tochter, reicht ein Kürbis.
- Lasst es spät sein, aber lasst es ein Sohn sein.
- Die Geburt eines Sohnes bahnt den Weg in den Himmel.
- Die Ehefrau ist der Staub auf dem Fuß.

- Wenn eine Frau das Haus regiert, kann man sicher sein, dass es zerstört wird.
- Ein Sohn erhellt die ganze Welt, eine Tochter nur die Küche.

Ich grübelte nach, was wohl der Grund dafür ist, dass diese feudal-patriarchalischen Traditionen noch so eine Wirkung haben, wo doch längst die Grundlagen vorhanden sind, diese über Bord zu werfen. Als Reiselektüre hatte ich mir die Streitschrift von Stefan Engel und Monika Gärtner-Engel „Neue Perspektiven für die Befreiung der Frau" eingepackt. Dieses Buch wurde mir ein treuer Reisebegleiter, da ich es wie ein Nachschlagewerk nutzen konnte, wenn ich bestimmte Aspekte, Zusammenhänge und Hintergründe meiner Reiseerlebnisse für mich klären wollte. Hier ein Zitat zu meiner Frage:

„Eine der bedeutendsten Folgen der imperialistischen Ausbeutung und Unterdrückung ist die Konservierung feudaler und halbfeudaler Strukturen, Gepflogenheiten und Moralvorstellungen. Diese hemmen in vielen kapitalistischen Gesellschaften der vom Imperialismus abhängigen Entwicklungsländer jeden gesellschaftlichen Fortschritt. Insbesondere in den persönlichen Lebensverhältnissen der Massen wirken sie als schwere Fessel, vor allem für die Frauen. Diese feudalen Überreste verschwinden keineswegs mit der Einführung kapitalistischer Produktionsverhältnisse von selbst, sondern werden zum Teil bewusst aufrechterhalten als Instrument der reaktionären Herrschaftsausübung des Imperialismus oder sogar noch systematisch ausgebaut.

Die feudal-patriarchalische Unterdrückung wirkt bis heute aufgrund eines ganzen Systems von Gesetzen, religiösen Traditionen, Lebensgewohnheiten und Moralvorstellungen." (S. 195)

Es zeigte sich im Weiteren, dass vor allem die Nepalesische Kongresspartei, die reaktionäre Regierungspartei, eine eifrige Verfechterin dieser rückschrittlichen Traditionen der Frauen war.

Der Kampf gegen die Polygamie

Zwar ist es gesetzlich nicht erlaubt und soll ja seit neuestem mit bis zu drei Jahren Gefängnis bestraft werden, aber es kommt immer noch vor, dass in Nepal Männer mehrere Frauen haben. So ist es für manche Männer ein Statussymbol, wenn sie sich mehrere Frauen leisten können. Ein weiterer Grund für Männer, eine zweite Frau zu heiraten, ist dann gegeben, wenn die erste Frau keine Söhne bekommen hat. Die oben zitierten „Spruchweisheiten" haben den „Vorzug" der Söhne ja deutlich gemacht. Der materielle Hintergrund dafür ist, dass die Geburt von Söhnen letztlich die Rentenversicherung der älteren Generation darstellt. Die Töchter verlassen das elterliche Haus, die Söhne bleiben und versorgen so die ältere Generation. Dies ist mit ein Grund, warum sich diese Traditionen in den ländlichen Gebieten so lange halten können.

ANWA macht gegen diese Traditionen eine intensive Arbeit überall dort, wo die Frauen damit konfrontiert werden. Mehr als einmal konnte ich beobachten, wie junge Frauen nach den Veranstaltungen auf ANWA-Vertreterinnen zukamen und unter Tränen berichteten, dass sie geschlagen werden, seitdem der Mann eine zweite Frau hat. Sie wollten konkreten Rat und Hilfe von den ANWA–Frauen, was diese nur dann anbieten können, wenn es vor Ort auch eine starke Gruppe gab, die sich dieses Problems annimmt. In den konkreten Fällen wurde der Kontakt zu den örtlichen ANWA-Vertreterinnen hergestellt, die sich weiter mit diesen Frauen auseinandersetzen.

Das Recht auf Scheidung aber vor allem auch das Recht auf eigenes Eigentum ist für diese Frauen von besonderer Bedeutung. Haben sie so zumindest eine rechtliche Möglichkeit und vor allem auch eine materielle Grundlage, aus ihrer demütigenden Rolle herauszukommen. Laxmis Mutter berichtet in ihrem Brief an die Frauen in Deutschland aus eigener Betroffenheit darüber. Die kleine Witwenrente, die sie nach dem Tod des Mannes erhält, wird auf zwei Frauen aufgeteilt. Davon kann man nicht leben.

Liebe Freundinnen in Deutschland

Herzliche Grüße! Ich möchte meine herzlichen Grüße an alle Frauen in Deutschland zum Ausdruck bringen, aus Anlass des Neujahrs 2059 (dem nepalesischen Kalender entsprechend).

Mein Name ist Mina. Ich bin 52 Jahre alt und lebe im Baglung-Distrikt. Wir haben hier kein Eigentumsrecht für Frauen und viele Frauen sind Analphabeten.

Kinder werden in unserer Gesellschaft nicht gleich behandelt. In jedem gesellschaftlichen Bereich haben wir Männerdominanz. In jeder Hinsicht sind die Frauen in unserer Gesellschaft in einer rückständigen Rolle, was sich in unterschiedlichen Punkten zeigt. Unsere Regierung widmet dem keinerlei Aufmerksamkeit.

Ich arbeite bei ANWA in einem Stadtkomitee im Baglung-Distrikt. Dieser Frauenverband kämpft für die ökonomische, politische, religiöse, ausbildungsmäßige

Gleichberechtigung der Frau. Als Ergebnis unseres Kampfes haben wir einige Verbesserungen erreicht für unsere Situation als Frau. Diese reichen uns nicht. Wir kämpfen für noch mehr Rechte.

In unserer Gesellschaft sind Töchter minderwertig. Eine Tochter zu gebären, ist ebenso minderwertig. Wir haben eine Tradition, die Söhne in jeder Hinsicht bevorzugt. Ich selbst habe vier Töchter. Da ich nur Töchter bekommen habe, hat mein Mann eine weitere Frau geheiratet. Es war schwer für mich, für meine Töchter zu sorgen, aber ich habe darum gekämpft, meine Töchter auf die Schule zu schicken. Ich habe jetzt ein kleines Haus. Mein Mann starb vor 16 Jahren.

Unser Land ist ein Agrarland. Die Landwirtschaft ist aber sehr primitiv. Viele Menschen sind arbeitslos, und deshalb gehen viele junge Leute ins Ausland, um dort zu arbeiten.

Gegenwärtig leben wir im Ausnahmezustand. Die Menschen haben Schwierigkeiten zu überleben. In diesem Zusammenhang hat unser Frauenverband die nationale Kampagne durchgeführt. An dieser Kampagne haben Gabi und Thomas teilgenommen, um die Solidarität zwischen der nepalesischen und deutschen Frauenbewegung zu entwickeln.

Wir sind sehr glücklich über die Briefe, die ihr uns geschickt habt. Sie helfen uns, den Status der Frauen in Deutschland zu verstehen. Dafür danken wir Gabi und Thomas und euch allen.

Ich wünsche eine große Solidarität auch für die Zukunft.
Herzliche Grüße,
Mina Baskota

Die Überzeugungsarbeit für die Liebesehe

Völlig überrascht waren wir, als uns *Mina Pun* erzählte, dass auch heute noch ungefähr 80 Prozent der Paare in Nepal verheiratet werden. Selbst viele ANWA-Frauen, die wir kennen gelernt haben, wurden verheiratet. Die Eltern suchen den Partner in der Regel aus, wenn die Kinder noch sehr jung sind. Bekommt das Mädchen zum ersten Mal ihre Menstruation, ist dies der Zeitpunkt, an dem die Hochzeit ansteht. Nicht selten haben wir 15-jährige Mädchen gesehen, die bereits verheiratet waren und selbst wieder Kinder hatten. Immer wieder, wenn ich eine so junge verheiratete Frau gesehen habe, musste ich an unsere eigene Tochter denken, die jetzt 16 Jahre alt ist. Ich könnte es mir weder vorstellen noch würde ich es ihr wirklich zutrauen, jetzt schon Mutter zu sein. Auch würde sie sich bedanken, wenn ich für sie den Freund aussuchen würde.

Recht langsam steigt in Nepal das Heiratsalter der Mädchen und das offizielle Durchschnittsalter von Mädchen bei der Heirat liegt jetzt bei 18,1 Jahren.

ANWA hat sich mit dieser Frage sehr gründlich beschäftigt und in ihrer Frauenrechts-Charta einen sehr fortschrittlichen Standpunkt eingenommen, der in Nepal selbst nicht unumstritten ist. Sie schreiben:

„Das gegenwärtige Eherecht ist zum Vorteil der Männer aufgebaut und ist deshalb verantwortlich für viel Übel und Elend im Leben der Frauen. Im Namen der Ehe waren Frauen seit Jahrhunderten mit allen Arten von Beleidigungen und Erniedrigungen konfrontiert. Frauen haben keinen Ausweg, dem Trauma der Scheidung und anderen Problemen in Verbindung mit der Ehe zu entfliehen. Wenn die Ehe zur Hölle wird, soll Vorsorge getroffen werden, dass man aus dieser Lage heraus kommt. Folgende Punkte sollten deshalb ernsthaft erwogen werden:

- *Heirat soll auf gegenseitiger Liebe und Empfindung füreinander begründet sein und nicht gegen den Wunsch einer Seite vollzogen werden.*
- *Heirat, die auf Kasten und Religion begründet ist, muss verurteilt und beseitigt werden.*
- *Das Eheleben muss auf gegenseitiger Liebe, Respekt, Gleichheit und Freiheit beruhen.*
- *Falls der Ehemann und seine Eltern die Frau durch ungerechtes und diskriminierendes Verhalten schädigen, soll sie berechtigt sein, sich scheiden zu lassen oder sich wieder zu verheiraten.*
- *Der Scheidungsprozess soll sehr einfach und billig sein.*
- *Frauen sollen Rechte am Besitz haben, auch nach der Scheidung oder Wiederheirat.*
- *Nach einer Scheidung soll es eine Vorsorge geben für den Lebensunterhalt und die Erziehung der Kinder, die als oberstes Interesse die Zukunft der Kinder im Blick hat, ohne jede Benachteiligung der Frauen."*

Für diese sehr fortschrittlichen Forderungen muss auch unter den ANWA-Frauen eine Überzeugungsarbeit geleistet werden. Denn auch bei ihnen wirken die alten Traditionen und Moralvorstellungen, über die die Unterdrückung der Frau meist besser verankert ist als über offen reaktionäre Gesetze.

Im *Baglung*-Distrikt hatten wir die Möglichkeit, in kleiner Runde mit einigen Frauen ganz persönlich darüber zu sprechen. Dabei wurde deutlich, dass bis auf wenige Ausnahmen sie selbst alle verheiratet wurden. Stolz berichteten sie, dass sie ihre Kinder fragen, ob sie mit der Wahl des Partners einverstanden seien. Sie würden ihre Kinder nicht gegen deren Willen verheiraten.

Etwas verunsichert fragten sie uns, ob wir denn unseren Kindern überhaupt nicht bei der Wahl des Partners helfen würden, ob die Kindern denn dies auch tatsächlich alleine machen könnten.

Eine etwas ältere Frau lachte uns an und erzählte uns schmunzelnd, sie sei für die Liebesehe. Sie hätte aus Liebe geheiratet und dabei auch keine Rücksicht auf das Kastenwesen genommen. Sie sei sehr froh, dass wir gleicher Meinung seien.

Vor allem für die Mädchen hängt in Nepal von der Hochzeit die eigene Versorgung ab. Die Frauen haben in der Regel keinen eigenen Beruf, und ohne Eigentumsrecht sind sie völlig auf die neue Familie angewiesen. So ist die sorgfältige Auswahl der zukünftigen Familie der Tochter eine wichtige Lebensentscheidung.

Auch im *Pyuthan*-Distrikt hatten wir die Gelegenheit, mit einer Gruppe von Frauen diese Frage zu beraten. Es war für viele selbstverständlich, die Ehe der Töchter zu arrangieren, würden sie doch ihr Prestige verlieren, wenn zum Beispiel ihre Töchter in eine niedrigere Kaste heiraten würden. Auch fühlten sie sich für die Zukunft ihrer Töchter verantwortlich.

Noch am gleichen Tag konnten wir in *Okharkot* einen Besuch bei der Familie *Kul Bahdaur* machen. Sie gehören zu den Unberührbaren, das heißt, sie sind Mitglieder der untersten Kaste.

Die Aufteilung der Bevölkerung in Gruppen mit unterschiedlichem sozialen Status hat seinen Ursprung im Hinduismus. 90 Prozent der Bevölkerung Nepals gehören dem Hinduismus an. Die Einteilung erfolgt in Kasten. Die Kastenzugehörigkeit gibt Auskunft über Essgewohnheiten, mögliche Arbeitstätigkeiten, Verhaltensweisen und Status, wobei dies in Nepal nicht so streng gehandhabt wird wie in Indien. Zu den ursprünglich vier Hauptgruppen zählen der Reihenfolge nach die Priester (*Brahman*), die Krieger (*Kshatriya*), die tätige Bevölkerung (*Vaishya*) und die Diener (*Shudra*). Außerhalb dieser Rangordnung wurden die Unberührbaren (*Paria*) angesiedelt. Diese Kasten haben sich bis heute jedoch in viele Untergruppen aufgefächert.

Die Familie von *Kul Bahdaur* hat sich sehr über unseren Besuch gefreut, und mit Hilfe unseres Übersetzers erzählten sie uns bereitwillig über ihr Leben. Bei ihnen lebt die 38-jährige Schwiegertochter mit ihren Kindern. Sie ist eine der unzähligen Frauen, die hier in Nepal ohne ihren Mann bei den Schwiegereltern lebt, da dieser im Ausland arbeitet und höchstens alle anderthalb Jahre nach Hause kommt. Geld schickt er nur, wenn er es einem Freund mitgeben kann und sicher ist, dass es ankommt. Sie hat nur zwei Jahre die Schule besucht.

Oft sind die Familien der untersten Kaste kleine Handwerker. Mit seinen 80 Jahren war *Kul Bahdaur* immer noch darauf angewiesen, Werkzeuge herzustellen und zu reparieren, um den Lebensunterhalt der Familie sicher zu stellen. Die dazu nötige Holzkohle muss er im Wald selbst gewinnen.

Auf die Frage, wie die Familie zu der Liebesehe stehe, sagte der 80-Jährige wie aus der Pistole geschossen, dass er für die Liebesehe sei. Den Jugendlichen, die sich im Laufe der Zeit eingefunden hatten, war diese Frage sichtlich unangenehm und sie drucksten heftig herum, bis sie gestanden, dass auch sie für die Liebesheirat seien.

Dies ist eine spannende Beobachtung: Da wo keine Rücksichten auf Eigentumsverhältnisse zu nehmen sind, ist es möglich, den Partner nach Zuneigung auszusuchen. Ich hatte mich daran erinnert, dass dies bereits Friedrich Engels in seinem Buch „Der Ursprung der Familie, des Privateigentums und des Staates" geschrieben hat. Dort heißt es:

„Die volle Freiheit der Eheschließung kann also erst dann allgemein durchgeführt werden, wenn die Beseitigung der kapitalistischen Produktion und der durch sie geschaffenen Eigentumsverhältnisse alle die ökonomischen Nebenrücksichten entfernt hat, die jetzt noch einen so mächtigen Einfluß auf die Gattenwahl ausüben. Dann bleibt eben kein anderes Motiv mehr als die gegenseitige Zuneigung. (Marx/Engels, Werke, Bd. 21, S. 82)"

Die Möglichkeit, eine reine Liebesbeziehung einzugehen, ist nur da möglich, wo keine anderen Erwägungen eine Rolle spielen, sei es das Ansehen des Partners, sein Beruf, sei es, wieviel Geld in der Familie ist und Ähnliches. Auch bei uns kann man ja beobachten, dass zum Beispiel bei einer Scheidung häufig die finanziellen Überlegungen eine große Rolle spielen, ob man sich vom Partner trennt oder nicht. Diese Zwänge werden meiner Meinung nach erst dann aufhören, wenn keine finanziellen Abhängigkeiten mehr existieren. Dies wird – so Friedrich Engels – erst in einer neuen Gesellschaft möglich sein, in der Ausbeutung und Unterdrückung abgeschafft sind.

In Nepal bedeutet das Recht der Frauen auf Eigentum einen Schritt vorwärts zur ökonomischen Unabhängigkeit der Frau vom Mann. Dieses Recht und die

Möglichkeit, einer eigenen Berufstätigkeit nachzugehen, eröffnen ihnen den Weg, nicht aus Gründen der reinen Versorgung heiraten zu müssen.

ANWAs handfester Kampf gegen das „Dominanzproblem"

Oft hörten wir, wenn wir über die konkrete Arbeit der ANWA-Frauen vor Ort sprachen, dass sie sich um das „Dominanzproblem" kümmerten. Da wir uns darunter nichts Richtiges vorstellen konnten, fragten wir nach.

Sie beschrieben uns eine regelrechte Rangfolge in den Familien, die durch die Tradition abgesegnet ist. Junge Frauen, die in die Familie ihres Ehemannes kommen, stehen in der Hierarchie der Familie am unteren Ende. Sie müssen sich nicht nur dem Ehemann und allen männlichen Familienmitgliedern unterordnen, sondern auch der Schwiegermutter und den Schwestern des Mannes, solange diese noch im Haus leben. Schikane, aber auch körperliche Gewalt gegenüber dieser jungen Ehefrau sind häufig die Konsequenzen.

In mehreren Orten berichteten uns die ANWA-Frauen, dass junge Frauen zu ihnen kommen, weil sie von ihren Ehemännern geschlagen oder von der Schwiegermutter unterdrückt werden. Denen sind die Frauen oft hilflos ausgeliefert, da sie keine Möglichkeit haben, sich dieser Situation zu entziehen.

Mit beiden Problemen gehen die ANWA-Vertreterinnen nicht zimperlich um, sie beraten dies mit der jungen Frau. Ist sie damit einverstanden, wird der Familie ein Besuch abgestattet und mit den Angehörigen gesprochen. Warum schlagt ihr eure Frauen? Warum schikaniert ihr eure Schwiegertöchter? Sie drängen auf ein solidarisches Miteinander, machen aber auch klar, dass sie nicht davor zurückschrecken, diese Vorkommnisse öffentlich zu machen, wenn dies in Zukunft nicht unterlassen wird.

ANWA leistet hier eine ganz konkrete persönliche Hilfe. Dies ist jedoch nur möglich, wenn die Frauen dies nicht als ihr privates Problem ansehen, das sie alleine lösen müssen, sondern den Schritt wagen, dies mit anderen Frauen zu beraten und dies als ein gemeinsames gesellschaftliches Problem ansehen, das sie lösen können.

ANWA überlässt das „Dominanzproblem" nicht den Gerichten, die es ohnehin nur in größeren Städten gibt, sondern legt selbst Hand an und versucht durch

Überzeugungsarbeit und öffentlichen Druck, dieser Form der Unterdrückung der Frauen ganz konkret entgegenzuarbeiten.

Nicht gerade unterstützt werden die ANWA-Frauen in ihrer Arbeit gegen diese frauendiskriminierenden Traditionen durch die Schulbücher. Das erfahren wir als Gäste einer Familie in *Kohalpur*.

Wieder mal hatte ein Geschwisterpaar für uns das Zimmer geräumt, damit wir dort übernachten konnten. Auch in dieser Familie war es so, dass der Vater in Saudi-Arabien arbeitet und nur sehr selten zu Besuch kommt. Durch seine Arbeit konnte es sich diese Familie leisten, ihre Kinder auf eine private Schule zu schicken, was im Übrigen sehr viele Familien tun, wenn sie es sich nur irgendwie leisten können.

In diesen Privatschulen wird sehr früh, in manchen bereits ab der dritten Klasse in Englisch unterrichtet. Das war für uns sehr erfreulich, konnten wir uns doch mit diesen Jugendlichen hervorragend unterhalten. Die meisten Frauen dagegen konnten kein Englisch und wir waren viel auf Gesten und Zeichensprache angewiesen. In *Kohalpur* musste der Sohn noch seine Schultasche für den nächsten Tag aus dem Zimmer holen, dabei zeigte er uns stolz seine Schulbücher. In seinem Gesellschaftslehre-Buch entdeckten wir zufällig das Kapitel zur Familie, in dem wörtlich stand:

„Jede Familie hat ein Oberhaupt, das für die Familie die Verantwortung trägt, die anderen Familienmitglieder müssen ihm gehorchen. Das Eigentum und die Liebe halten die Familie zusammen."

Damit werden munter die feudalen und bürgerlichen Familienstrukturen über die Schulbücher weiter verankert.

Der Kampf um das tägliche Leben und um die Befreiung der Frau – zwei Seiten einer Medaille

Bei den täglichen Versammlungen während der Kampagne legten die ANWA-Frauen den Schwerpunkt ihrer Reden auf die Charta der Frauenrechte und speziell auf die Forderung nach dem Eigentumsrecht. Denn ohne ökonomische Unabhängigkeit vom Ehemann ist keine Gleichberechtigung möglich, so ihre richtige Argumentation.

In den vielen Gesprächen meist vor oder nach den großen Massenveranstaltungen wurde deutlich, dass ANWA sich in ihrer täglichen Kleinarbeit mit den Frauen gemeinsam um die ganze Bandbreite der so genannten Alltagsfragen kümmert. Wie den Schulbesuch der Mädchen, die Wasserversorgung in den Bergdörfern aber auch um die täglichen Fragen, die der Ausnahmezustand mit sich bringt.

Die Frauen berichteten, dass vor allem durch die sehr enge Zusammenarbeit mit der NPF, der NCP (Mashal) aber auch mit anderen Frauenverbänden, Parteien und Organisationen ihre Aktivitäten tatsächlich zu richtigen Massenaktionen wurden und so auch oft erfolgreich durchgeführt werden konnten.

Es wurde sehr deutlich, dass sich in Nepal die Frauenbewegung nicht von anderen Volksbewegungen absondert, sondern sie im Gegenteil auf eine sehr enge Zusammenarbeit großen Wert legt. So war es selbstverständlich, dass auch Vertreter der NPF mit zum Kampagnenteam gehörten und aus ihrer Sicht für die Befreiung der Frau gesprochen haben. Auch die NPF setzt sich aktiv für die Befreiung der Frau ein und berichtete lebendig über die sehr kontroversen Auseinandersetzungen im Parlament zu den Vorlagen für die Eigentumsrechte der Frauen. Für sie ist klar, dass der Kampf um die Befreiung der Frau kein isolierter Kampf ist, sondern in Einheit mit dem Kampf gegen Ausbeutung und Unterdrückung insgesamt geführt werden muss. Sie kritisieren aber auch konkret die Männer dort in ihren Verhaltensweisen, wo es nötig und angebracht ist

Für ihre aktive Teilnahme an der Kampagne wurden sie allerdings auch kritisiert. In Butwal kritisierte die Vertreterin der Frauenorganisation der CPN(UML): „Warum reist ihr hier mit den Frauen durchs Land? Ihr seid Abgeordnete und euer Platz ist im Parlament. Dort werden die Entscheidungen getroffen." Demgegenüber vertraten die Parlamentsabgeordneten der NPF, dass es für sie viel wichtiger sei, die Frauen zu ermutigen, sich aktiv für ihre Interessen einzusetzen, sich selbst eine Position zu erarbeiten und sich nicht auf das Parlament in

Kathmandu zu verlassen. Allzu oft hatten sie dort erlebt, wie mit Mitteln der Bestechung und Einflussnahme zum Beispiel im Interesse der indischen Industrie die Gesetze verabschiedet wurden. Auch in Bezug auf Bestimmungen des Internationalen Währungsfonds (IWF) zur Schuldentilgung wird dem Parlament die Möglichkeit genommen, im Interesse der Bevölkerung zu entscheiden.

Schulbesuch für Mädchen nicht selbstverständlich

Wir saßen kaum im Jeep, um zum nächsten Versammlungsort nach *Kapilvastu* zu fahren, als er schon wieder anhielt und wir *Laxmi* fragend anschauten. Was gibt es jetzt? Weit und breit war nichts Besonderes zu sehen.

Laxmi lachte uns an und sagte: *„Nur ein ganz kleines Treffen, du brauchst nur eine ganz kleine zu Rede halten, keine Sorge."*

Wir versammelten uns auf der Terrasse eines Hauses, schnell wurden einige Stühle herangeschafft, Wasser zum Trinken herumgereicht und im Handumdrehen waren 20 bis 30 Frauen versammelt. Sie hatten schon auf uns gewartet – nur wir wussten davon nichts. Stolz berichteten uns die Frauen eines *Tharu*-Dorfes, dass sie gemeinsam mit *ANWA* dafür gekämpft haben, dass ihre Kinder in die öffentliche Schule gehen können.

Vor allem die reicheren Familien wollten nicht, dass die Kinder des *Tharu*-Dorfes ebenfalls die öffentliche Schule besuchen können. Das sind konkrete Auswirkungen des Kastensystems, was zur Spaltung der Bevölkerung beiträgt. Aber letztendlich haben die *Tharu*-Frauen sich durchgesetzt und erreicht, dass ihre Kinder und auch die Mädchen die Schule besuchen können. Dies musste durchaus auch sehr handfest durchgesetzt werden, wie sie berichteten. Jetzt kämpfen die Frauen darum, dass auch sie zur Schule gehen dürfen. Viele von ihnen können nicht lesen und schreiben. Staatliche Programme gegen das Analphabetentum gibt es in ihrer Gegend nicht. Erwachsene haben kein Recht auf einen Schulbesuch. Sie waren jedoch sehr zuversichtlich, einen Weg zu finden, lesen und schreiben zu lernen.

Zwar besteht in Nepal eine Schulpflicht, aber es kümmert sich letztlich niemand darum, ob die Kinder zur Schule gehen; so kommt es, dass sehr viele der Erwachsenen nicht lesen und schreiben können.

Stundenlange Fußmärsche oder auch die Armut sind häufig Hindernisgründe, die Kinder in die Schule zu schicken. Nicht selten ist die Notwendigkeit, dass die Kinder, vor allem die Mädchen, arbeiten müssen, sei es zu Hause oder außerhalb, die Ursache, dass sie nicht zur Schule gehen. So lag die Analphabetenrate 1991 noch bei 55 Prozent, die der Mädchen allerdings bei 75 Prozent.

Mira schildert in ihrem Brief an meine Tochter anschaulich, wie schwer es für Mädchen ist, eine gute Schulausbildung zu erhalten.

Liebe Freundin Sara,

Mein Name ist Mira K. C. Ich bin in der 10. Klasse und 16 Jahre alt. Ich bereite das S.L.C. Examen vor (vergleichbar mit der Fachoberschulreife). Liebe Freundin, ich habe deinen Brief bekommen, darin fragst du nach einer Brieffreundschaft. Auch ich möchte deine Brieffreundin werden.

In diesem Brief werde ich dir einiges über meine Lern- und Studienbedingungen sowie über Probleme und Lebensbedingungen der Frauen in Nepal erzählen.

Meine Eltern wohnen in Karhadhai, sie sind Bauern. In unserem Land sind 80 Prozent der Menschen in der Landwirtschaft tätig und ohne Bildung. So ist die Landwirtschaft die hauptsächliche Beschäftigung der Menschen. Meine Eltern arbeiten auf dem Feld, um unser Überleben zu sichern. Ich habe eine Schwester und einen Bruder.

Jetzt berichte ich über meine Schule. Ich lerne Zeitgeschichte und Wissenschaften. Ich denke, dieses Studium ist das wichtigste in meinem Leben.

Aber meine Lebensbedingungen sind sehr schlecht und deswegen kann ich keine gute Schulbildung bekommen. Wenn ich nämlich mein S.L.C. Examen habe, muss ich sehr hart arbeiten, um die Studiengebühren zu finanzieren. (Öffentliche Schulen gehen nur bis Klasse 10; wer weitermachen will, ist gezwungen eine Privatschule zu besuchen, die sehr viel Geld kostet – G. B.)

Ich werde Wohnungen putzen müssen, um meine Bücher und Fotokopien und Stifte zu finanzieren. In meiner Studienzeit wird es viele Probleme geben. Manchmal gehe ich nicht in die Schule; da wir so arm sind, muss ich Gras schneiden für den Büffel zu Hause. Aber meine reichen Schulfreundinnen schneiden kein Gras und arbeiten nicht hart. So denke ich, dass meine Bedingungen zu studieren im Vergleich zu anderen miserabel sind.

Liebe Freundin, ich schreibe jetzt über die Bedingungen der Frauen in Nepal.

In unserem Land sind sehr extreme Unterschiede zwischen Männern und Frauen. Jede Beschäftigung ist nur für Männer, Frauen bekommen nicht die Chance,

Schulklasse einer öffentlichen Schule

lesen und schreiben zu lernen. Sie sollen nach ihren Kindern schauen, Gras schneiden und zu Hause sein. Auch die Regierung kümmert sich nicht um die Probleme der Frauen. So sind die Frauen in einer miserablen Lage.

Liebe Freundin, ich habe deine Eltern getroffen. Deine Eltern wissen mehr über die Bedingungen der Frauen in Nepal. Wenn du deine Eltern fragst, werden sie dir mehr über die Einzelheiten des Lebens der Frauen berichten.

Zum Schluss möchte ich dich einladen, Nepal zu besuchen. So viel für den ersten Brief. Ich freue mich auf deinen Brief und ein Foto von dir.

Auf Wiedersehen, Mira

Der Kampf gegen den Alkohol

In verschiedenen Orten berichteten die Frauen, dass der Alkoholkonsum eines Teils der Männer in den letzten Jahren ein immer größeres Problem für die Familien geworden ist. Die Arbeitslosigkeit der Männer treibt viele dazu, Alko-

Distrikt Kapilvastu; „Wir haben den Schulbesuch unserer Mädchen erkämpft"

hol zu trinken, was in den Familien zu sehr großen Problemen führt. *„Das wenige Geld wird für den Alkoholkonsum des Mannes ausgegeben, statt für die Familie. Die Frauen haben kein Geld mehr, um Lebensmittel für die Kinder zu kaufen oder den Arzt aufzusuchen, wenn die Kinder krank sind"*, erzählen uns die Frauen, zum Teil auch richtig verärgert.

Über dieses Problem war ich eigentlich überrascht, denn der Alkohol ist in Nepal lange nicht so gesellschaftlich anerkannt und selbstverständlich wie bei uns. Während der ganzen Kampagne, bei keinem Fest, bei keiner Feier, bei keinem Besuch wurde uns Alkohol angeboten. Und manchmal wurde mir hinter vorgehaltener Hand über jemanden erzählt: *„Der trinkt Alkohol."*

Das Alkoholproblem ist für Nepal selbst eine recht neue Entwicklung. In mehreren Reiseführern oder Nepal-Infos im Internet habe ich übrigens folgenden

Privatschule der National People's Front; Mit dem Spruch „Spielt nicht mit unserer Zukunft" werden die Eltern aufgefordert, ihre Mädchen in die Schule zu schicken

"DON'T PLAY WITH OUR FUTURE"

Kampagnenmitglieder beim Spülen

Satz gefunden, bezogen auf die Wirtschaftsförderung: *„Eine Bierfabrik kam als deutsche Entwicklungshilfe dazu."*

Durga Paudel erzählte, wie *ANWA* im *Pyuthan*-Distrikt gegen das Alkohol-Problem angegangen ist und sie dort eine Anti-Alkoholkampagne durchgeführt hatten: *„Wir haben auf der untersten Ebene angefangen, den Wards.* (Wards sind die unterste politische Einheit. Eine Ansammlung von Höfen wählen sich ihre politischen Vertreter, dem folgen Place, District und die nationale Ebene). *Wir haben die Vertreter aller unterschiedlichen Parteien eingeladen, denn das Problem geht alle an. Bei den Treffen haben wir vor allem über die schädlichen Auswirkungen des Alkohols diskutiert und welche Konsequenzen dies für die Familien hat.*

Danach haben wir unsere Forderungen an das Place Development Committee und an das District Development Committee gestellt. Damit haben wir ANWA-

Kapilvastu; die jährliche Schulprüfung

85

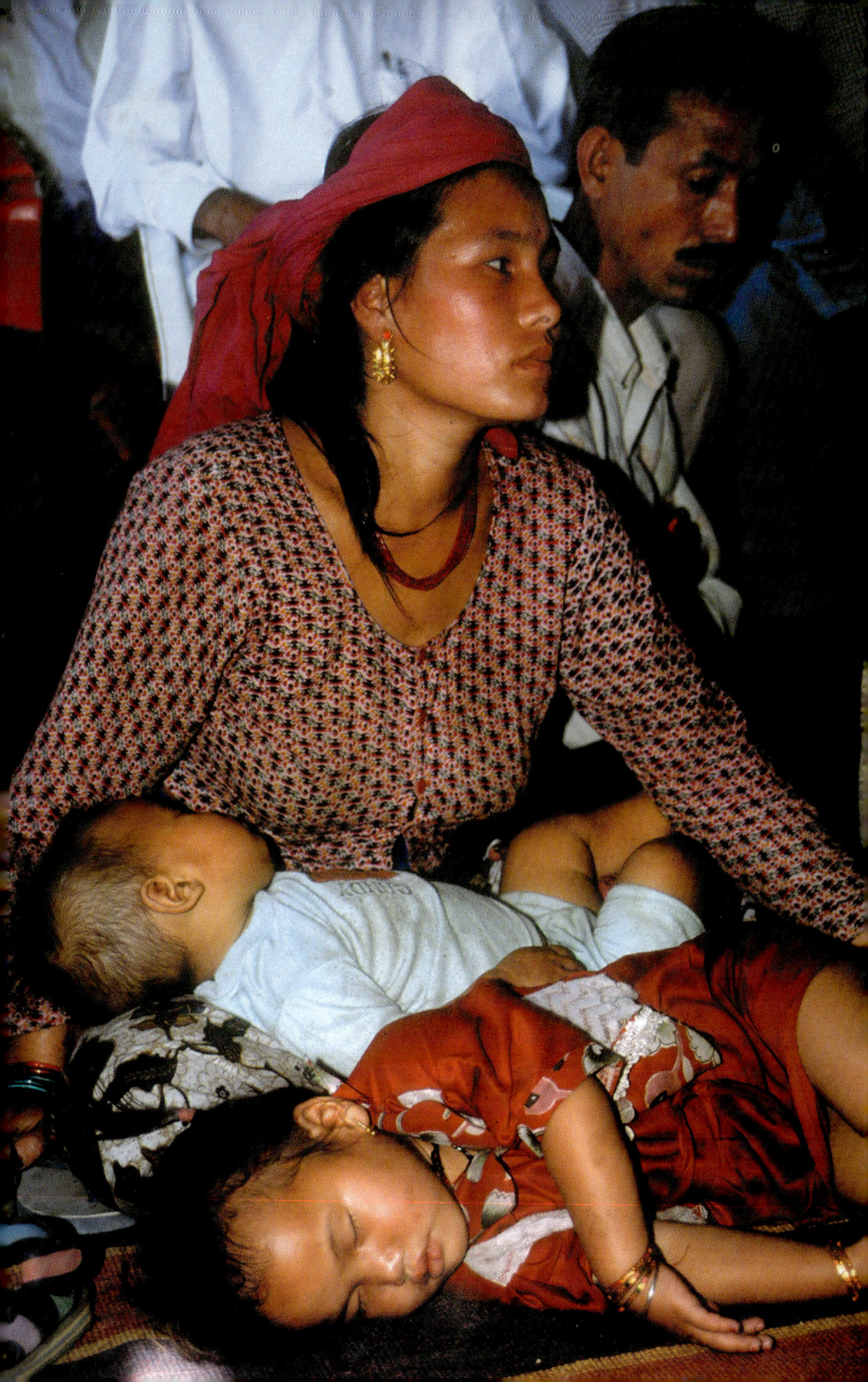

Hari Acharya, Parlamentsvertreter der National Peoples' Front, unterstützt tatkräftig die Kampagne von ANWA

Frauen uns aber nicht zufrieden gegeben. Wir sind zu der Fabrik gegangen, die den Alkohol produziert und haben ihr ein Ultimatum gestellt, innerhalb von 15 Tagen mit der Produktion des Alkohols aufzuhören. Da sie sich natürlich nicht daran gehalten haben, sind wir nach 15 Tagen hingegangen und haben den Alkohol in den Fluss gekippt.
Damit konnten wir natürlich das Problem nicht endgültig lösen. Aber wir haben immerhin durchgesetzt, dass einzelne Place Development Committees beschlossen haben, dass jeder, der betrunken angetroffen wird, 500 Rupien Strafe bezahlen muss."

Sicherlich ist damit das Problem nicht aus der Welt geschafft, aber ANWA hat gezeigt, dass sie sehr konsequent für ihre Sache kämpft, und ich kann mir vorstellen, dass es in *Pyuthan* viele Männer gibt, die sich nicht wohl in ihrer Haut fühlen, wenn sie betrunken einer Gruppe von ANWA-Frauen begegnen.

Die Kinder sind immer dabei

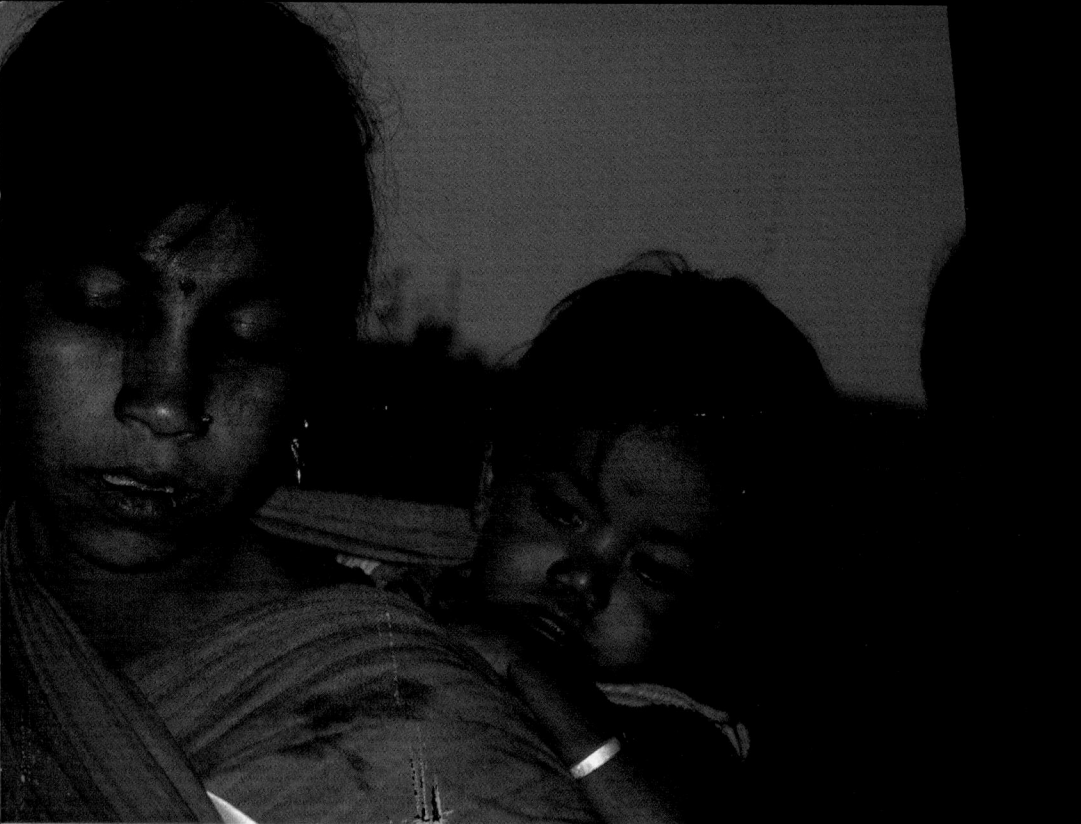

Mädchen werden oft schon im Alter von 14 oder 15 verheiratet und werden
früh Mutter

ANWA kämpft um die Wasserversorgung in den Bergdörfern

Nepal ist eines der wasserreichsten Länder der Welt. Mit seinen unendlich vielen Flüssen, die aus dem Gebirge ins Tal fließen, bräuchte weder die Wasser-
noch die Stromversorgung der Bevölkerung ein Problem darzustellen.
Das Wasserkraftpotenzial wird heute auf 83 000 Megawatt geschätzt, damit
könnte Nepal zum Stromexporteur nach Indien werden. Nepal selbst kann
jedoch aktuell nur ein Prozent des eigenen Strombedarfs decken. Vor allem
Dörfer in den Bergregionen sind noch häufig ohne Strom und auch in Kathmandu muss man sich damit abfinden, dass die Stromversorgung immer mal
wieder unterbrochen ist.
Ähnlich schlecht sieht es mit der Wasserversorgung aus. Sicherlich sind vielen
Lesern die Bilder bekannt, die junge Frauen oder Mädchen zeigen, die über
Stunden hinweg Wasserkrüge zu ihren Wohnungen tragen müssen.

Junge Ehefrauen beim Wasser holen

Amrita beschreibt dieses Problem in ihrem Brief an meine Tochter Sara:

„Wir haben viele Flüsse, aber sie sind unnütz. Das Wasser der Flüsse wird von der indischen Regierung genutzt, da die Regierung Nepals unfähig ist, das Wasser zu nutzen."

Vertreter der *NPF* berichteten uns, dass der König von Nepal die Wasserrechte an Indien verkauft und so die Versorgung der eigenen Bevölkerung unmöglich gemacht hat. Die Abhängigkeit von Indien wurde so weiter vervollständigt.

ANWA verbindet den ganz konkreten Kampf um eine Wasserleitung wie in *Pyuthan* immer auch damit, über die konkreten Ursachen der Probleme aufzuklären und die Menschen für ein System ohne Ausbeutung und Unterdrückung zu gewinnen.

ANWA-Frauen aus *Okharkot* berichteten uns, dass sie im heftigen Streit mit der Regierung liegen, um ihre Forderungen für eine gute Wasserversorgung durchzusetzen: *„Früher mussten wir über zwei Stunden laufen, um Wasser für die Familie zu holen"*, erzählten sie. Jetzt haben sie eine Pipeline und einen Tank, der sie mit Wasser versorgt. *„Das ist ja insgesamt schon ein Fortschritt, wenn es denn klappen würde"*, berichteten sie weiter. Aber die Wasserversorgung ist nur sehr unregelmäßig und sie bekommen manchmal aus dieser Pipeline nur alle zwei Tage Wasser.

Die Regierung begründet die Versorgungsprobleme damit, dass über diese Pipeline drei Täler versorgt werden und sie nun mal das letzte Tal seien, da würde das Wasser nicht immer reichen.

Die Frauen lassen sich aber mit dieser Begründung nicht abspeisen, sie bleiben am Ball und fordern eine ständige funktionierende Wasserversorgung von der Regierung. Mit dieser Forderung vereinen sie alle Frauen, aber auch Männer aus diesem Tal.

Was wir brauchen, sind Arbeitsplätze

Wir standen oben auf dem *Okharkot*, einem Berggipfel mit einer alten Festungsruine, einem kleinen Tempel und einem herrlichen Blick in drei Täler.

Ganz oben in einem Baum hing an einer Bambusstange schon seit etlichen Jahren eine Rote Fahne. Bestimmt haben in dieser Gegend nur wenige Menschen Interesse, diese Fahne abzunehmen, ist dieser Bezirk doch eine Hochburg der *NCP (Mashal)*. Aber die wenigen, die es gerne täten, trauen sich nicht, diese

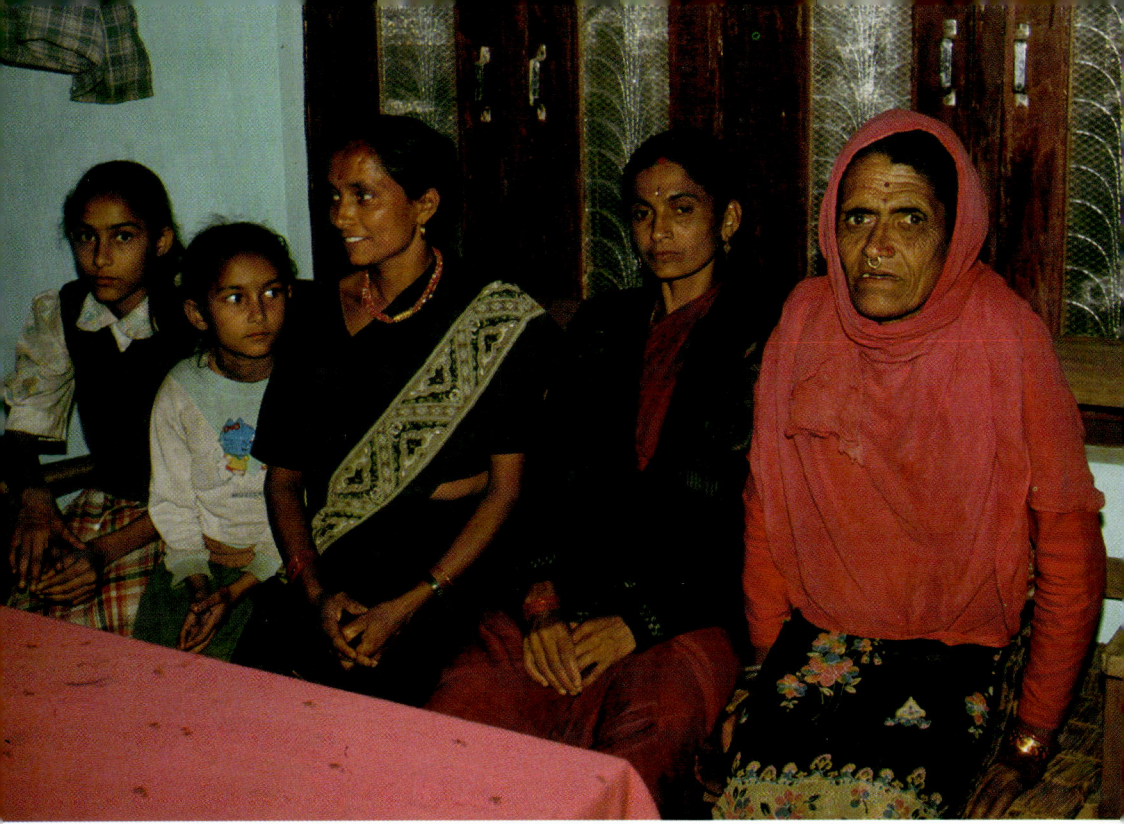

Über vier Millionen Nepalesen arbeiten im Ausland, Heimatbesuche sind
kaum möglich

Fahne abzunehmen. Denn auf einer Holztafel steht eine Inschrift mit folgen-
dem Inhalt:

*„Wenn diese rote Fahne abgenommen wird, dann explodiert eine Bombe, wenn
diese jedoch nicht explodiert, dann verfolgt den Täter ein böser Fluch!"*

Dieser Gipfel war, sehr zu unserer Verwunderung, der Ort einer Massenveranstaltung mit 650 Teilnehmern. Die Teilnehmer kamen aus drei verschiedenen
Tälern zu dieser Veranstaltung zu Fuß gewandert und wir fragten uns immer
wieder: Wo kommen diese Menschen her? Wie lange sind sie gelaufen, um an
dieser Veranstaltung teilzunehmen? Wie tief muss ihre Verbundenheit mit dieser Bewegung sein, dass sie diese Mühen auf sich nehmen?

Da wir schon seit Sonnenaufgang auf diesem Gipfel waren und das schöne Wet-
ter, die Ruhe und den tollen Ausblick genossen, konnten wir beobachten, wie
nach und nach die Menschen hier heraufwanderten. Auch hatten wir die Zeit,
uns mit einigen Frauen zu unterhalten. So fragte ich mit Hilfe unseres geduldi-
gen Übersetzers die Frauen, die gerade angekommen waren:

„Was ist euer größter Wunsch, was müsste sich als Erstes ändern?"

Distrikt Pyuthan; ein spontanes Cornermeeting

„Wir brauchen Arbeitsplätze in Nepal, wir wollen, dass unsere Männer hier in Nepal arbeiten können. Schau hier in dieses Dorf, das ist Bangie, hier arbeiten 90 Prozent der Männer im Ausland, und hier ist Okharkot, hier sind es über 50 Prozent, aber die Männer können nur sehr unregelmäßig Geld schicken. Und auch hier in dem dritten Dorf ist es nicht anders, hier wissen wir die genaue Zahl nicht."

Sie erzählten, dass sehr viele der Männer in Indien arbeiten, aber auch in Saudi-Arabien, den Vereinigten Arabischen Emiraten, Malaysia und anderen Ländern.

Forderungen nach einer nationalen Wirtschaft, gegen die weitere Privatisierung der noch vorhandenen Industrie, aber vor allem gegen den Ausverkauf der Ressourcen des Landes wurden von den Frauen diskutiert.

In der Abhängigkeit von Indien, aber auch der BRD und den USA wurden wesentliche Gründe für die mangelnde Entwicklung der eigenen Wirtschaft gesehen.

Diese Arbeitsemigration führt in Nepal zu einer erzwungenen Familienlosigkeit und die Frauen müssen das ganze Leben alleine organisieren. Da nur wenig

Laxmis Familie; die Mutter hatte vier Mädchen, der Mann nahm sich eine zweite Frau

Geld von den Männern geschickt werden kann, müssen die Frauen mit der kleinen Landwirtschaft, meistens bei den Schwiegereltern, die eigene Familie ernähren und oft den Lebensunterhalt allein sicherstellen.

Diese Entwicklung hat aber auch trotz des ganzen Elends, das sie hervorruft, eine andere, eine neue und wichtige Seite. Das Selbstbewusstsein der Frauen, die erfahren, dass sie in der Lage sind, das Leben selbst zu meistern, steigt. Da sie für alles verantwortlich sind, treten sie aus der Enge des Haushaltes. Dies führt mit dazu, dass sie sich mehr über die gesellschaftlichen Ursachen ihrer Lage Gedanken machen, sich organisieren und so tatsächlich die Grundlagen schaffen, für ihre Befreiung zu kämpfen.

Allerdings gestanden uns die Frauen auch, dass manche ihrer Männer über ihr neues Selbstbewusstsein nicht immer so glücklich sind, müssen doch auch sie mit den alten traditionellen Vorstellungen aufräumen, dass sie nicht mehr Herr im Hause sind. Manch einer versucht, seiner Frau zu verbieten, an den Versammlungen teilzunehmen. So wie ich allerdings die *ANWA*-Frauen kennen gelernt habe, werden diese Männer mit ihrer Haltung nicht lange Erfolg haben.

Tribhuvan Basti; Frauen diskutieren selbstbewusst über rückschrittliche Traditionen

Großes Selbstbewusstsein der Frauen und die Kinderfrage

Eine der schönsten kleineren Diskussionsrunden hatten wir in *Shandhi Kharka*, der Distrikthauptstadt von *Argha Khanchi*. Sie wurde organisiert, da ich immer wieder darum gebeten hatte, mehr direkt mit den Frauen vor Ort zu diskutieren, um uns auszutauschen. Dies war nicht einfach, denn die Kampagnentour war sehr eng geplant und es ging fast täglich weiter an einen anderen Ort. Wir brauchten Stunden, um auf den unwegsamen Straßen auch nur 20 Kilometer weiter zu kommen.

Zu dem Treffen fanden sich ungefähr 50 Frauen ein und auch dafür sind einige Frauen mehrere Tage gelaufen. Nachdem sie mir fast Löcher in den Bauch gefragt hatten, wie es den Frauen in Deutschland geht, wie wir leben, wie viel Kinder wir haben usw., konnte ich meine Fragen über ihre Lebensbedingungen und ihre *ANWA*-Arbeit los werden.

Kathmandu; ein kleines Mädchen wird als Kumari-Göttin in den Tempel gebracht

Plötzlich war fast eine betretene Stimmung im Raum und keine wollte so richtig erzählen. Bis sich endlich eine Frau ein Herz fasste und begann.

Sie entschuldigte sich, wie im übrigen viele Frauen auch an anderen Orten, dass sie rückschrittlich und ungebildet sei, dass sie deshalb ihre Gefühle nicht ausdrücken und auch nicht sprechen könne.

Es wirkte wie eingeimpft, dass die Frauen eigentlich gar nicht in der Lage seien, ihren eigenen Kampf um ihre Befreiung zu führen. Dem hatte ich heftig widersprochen. Ein Frauenverband, der trotz Ausnahmezustand so eine Kampagne organisieren kann, wo Tausende Frauen trotz Verbot und unendlicher Arbeit im Haushalt, den Mut und die Zeit finden, die Versammlungen zu besuchen, ihre Interessen zu vertreten, ist in der Lage, etwas zu verändern. Diese Frauen sind gebildet. Sie sind vor allem sehr gut ausgebildet, ihre Sache in die eigenen Hände zu nehmen. Und sie sind fortschrittlich!

Diese Auseinandersetzung wirkte fast wie eine Befreiung und die Frauen erzählten drauflos, wie sie ihre Arbeit organisieren. So sollten zwei Frauen verhaftet werden, weil sie für diese Kampagne Spenden gesammelt hatten. Sie hatten dann bei der Polizei so viel Wirbel veranstaltet, dass sie gleich wieder freigelassen wurden.

Es kamen eine Menge rückschrittlicher Traditionen zur Sprache, gegen die sie sich die Teilnahme an der Arbeit von ANWA erkämpfen mussten.
Da wollte der Mann nicht, dass sie an Versammlungen teilnimmt.
Die Schwiegermutter war dagegen, dass die Mädchen zur Schule gehen.
Viele Kinder zu haben, gehört zum guten Ruf einer Familie.
Meist fanden die Frauen einen Weg, gemeinsam die Probleme zu lösen. Mit einer Gruppe von Frauen wurden die Fragen im Kreis der Familien diskutiert.

Stolz und zugleich verschmitzt berichteten sie, dass es hier im Dorf keine Familie gibt, die mehr als vier Kinder habe. Dies sei Ergebnis der intensiven Auseinandersetzung der ANWA-Frauen in den Familien. Mehrere Hürden hatten sie dazu zu überwinden:

- So erlaubt es die Tradition nicht, sich dem Mann zu verweigern; dem Vorschlag einer Frau, doch einfach gar nicht zu heiraten, wollten die meisten Frauen nun doch nicht folgen;
- der Hinduismus erlaubt keine Familienplanung, da die Kinder ein Geschenk Gottes sind;

Holztempel in Kathmandu

- und der Mann hat von der Tradition her das Recht, sich weitere Frauen zu nehmen, wenn die Frau keine Söhne zur Welt bringt.

Unter diesen Bedingungen die Familienplanung so erfolgreich durchzusetzen, erfordert viel Mut und Bewusstheit der Frauen. Die Frauen haben erkannt, dass viele Kinder ihre Armut nur vergrößern und ihnen die Kraft nehmen, aktiv zu sein. So haben sie konsequent darauf hingearbeitet, dass die Familien maximal vier Kinder bekommen.

Damit liegen sie bereits unter dem üblichen Durchschnitt der Geburtenrate pro Frau, die in Nepal 1991 noch bei 5,6 Kindern lag und 1999 bei 4,3. Allerdings ist sie in ländlichen Gegenden, wozu ihr Dorf auf jeden Fall zählt, noch weit über diesem Durchschnitt. Zum Vergleich: In Deutschland liegt die durchschnittliche Geburtenrate bei 1,3 Kindern.

Auch in Nepal ist zu beobachten, dass vor allem in den Städten die Kleinfamilie immer mehr zunimmt und auch hier die Geburtenrate drastisch sinkt.

Wir haben viele Gemeinsamkeiten ...

Schon bei unserer Ankunft in *Kathmandu* hatte ich eine der Mappen mit den Briefen der deutschen Frauen als Gastgeschenk an *Durga Paudel*, der damaligen Präsidentin von *ANWA*, gegeben. Sie war sehr begeistert von den Briefen und sagte sofort, dass sie die Briefe ins Nepalesische übersetzen lassen würde. Darüber hatten wir uns sehr gefreut, aber die Bedeutung der Briefe selbst noch nicht richtig begriffen. 14 Tage später erreichte das Kampagnenteam ein Paket mit 1 000 Broschüren. Sie hatten tatsächlich alle Briefe übersetzt und diese drucken lassen. Die Broschüren stießen auf so großes Interesse, dass am Ende der Kampagne alle 1 000 Broschüren verkauft waren.

In ihrem Dankschreiben an die deutschen Frauen in der Broschüre schreibt *Durga Paudel*:

„Herzliche Grüße an die Frauen in Deutschland im Namen von ANWA!

Liebe Freundinnen,
ANWA ist sehr glücklich, Briefe mit besten Wünschen von deutschen Frauen erhalten zu haben. Wir sind wirklich dankbar und fühlen uns euch gegenüber für diese Briefe verpflichtet.

Sicherlich ist es euch bekannt, dass ANWA beschlossen hatte, für zwei Jahre eine gesamtnepalesische nationale Frauenkampagne durchzuführen, wovon nun der erste Teil durchgeführt wird. *Zur Zeit leben wir unter dem Ausnahmezustand und alle fundamentalen Rechte, die durch die Verfassung garantiert werden, sind ausgesetzt. Deswegen und wegen der Aktivitäten der CPN (Maoist) herrscht im ganzen Land Terror und Horror vor. In dieser Situation haben alle politischen Parteien, Klassen- und Massenorganisationen ihre öffentlichen politischen Programme eingestellt. Aber ANWA hat beschlossen, dies zu einem Erfolg zu machen, trotz der Schwierigkeiten, die durch die Ausnahmegesetze und die Aktivitäten der CPN (Maoist) entstehen.*

Gerade weil wir unsere Kampagne unter so schwierigen und kritischen Bedingungen durchführen, erfüllen uns eure Briefe so voll mit ehrlichen schwesterlichen Gefühlen, mit herzlichen und besten Grüßen, nicht nur mit Freude, sondern stärken unsere Moral, diese Kampagne erfolgreich durchzuführen. Wir sind sehr stolz darauf, dass Gabi während der ganzen Kampagne unter uns ist. Sie geht mit uns, unter schwierigen Bedingungen. Sie ist herzlich willkommen bei allen Menschen in Nepal, überall, wohin sie geht.

Von euren Briefen und von den Erzählungen von Gabi sind wir wirklich glücklich zu hören, dass das Gesetz den Frauen in Deutschland die gleichen Rechte wie den Männern gibt. Das ist ein großer Erfolg. Wir Frauen in Nepal kämpfen hart, auch diese Rechte zu erhalten. Die Erfolge in Deutschland spornen uns an, unseren Kampf um gleiche Rechte der Frauen in unserem Land weiter fortzuführen.

Bei dem, was ihr uns in den Briefen erzählt, ist es für uns nicht schwer zu verstehen, dass ihr weiter für eure Befreiung kämpfen müsst. Obwohl die Frauen bei euch die gleichen Rechte haben, sind sie im wirklichen Leben nicht gleichberechtigt. Deshalb erwähnte Gabi, dass die wirkliche Befreiung der Frau auch nur in einer sozialistischen Gesellschaft möglich sein kann. In Nepal sind wir noch auf der Stufe einer neudemokratischen Revolution. Die Bewegung zur Befreiung der Frau ist ein Teil dieser neudemokratischen Revolution. (...)

Vor diesem Hintergrund ist die Solidarität zwischen der Arbeiterbewegung und den ausgebeuteten und unterdrückten Frauen auf der ganzen Welt von großer Bedeutung. Wir nehmen die Briefe der Frauen aus Deutschland, die Teilnahme von Gabi und ihrem Mann als ein lebendiges Symbol der internationalen Solidarität. (...) Wir sind voller Vertrauen, dass ihr uns weiterhin ermutigen werdet mit euren anregend erhellenden Vorschlägen und Hinweisen durch weitere Briefe.

Mit den herzlichsten revolutionären Grüßen,
Durga Paudel
Präsidentin von ANWA"

Was machte diese Briefe für die Frauen in Nepal so interessant?

Häufig wurden wir gefragt, ob und warum es in Deutschland eine Frauenbewegung gibt. Wir haben doch die rechtliche Gleichstellung der Frauen und kommen aus einem der reichsten Länder der Welt. Was ist der Grund dafür, dass auch bei uns die Frauen weiterhin um ihre Befreiung kämpfen?

Natürlich stimmt es, dass wir aus einem der reichsten Länder der Welt kommen. Aber sind die Arbeiterinnen und Arbeiter bei uns reich? Wird bei uns die Masse der Frauen nicht ausgebeutet und unterdrückt?

Neu war es für die Frauen in Nepal, dass es in Deutschland eine große Arbeitslosigkeit gibt und zusätzlich über vier Millionen Frauen in so genannten ungeschützten Arbeitsverhältnissen arbeiten. Auch neu war, dass die Masse der Frauen auch bei uns in einer täglichen Zerreißprobe steckt.

Mit Hilfe der Briefe konnten wir erklären, dass es sicherlich vergleichsweise mit ihrem Lohn eine Menge Geld ist, was Margit zum Beispiel als Fabrikarbeiterin verdient. Aber dass man für eine 3- bis 4-Zimmer-Wohnung zirka 500 bis 600 Euro bezahlen muss, war für sie undenkbar.

Dass viele Menschen nicht ein Auto aus lauter Luxus haben, sondern es einfach brauchen, um überhaupt zur Arbeit zu kommen.

Dass die Menschen bei uns in der Regel keinen Garten haben, um die notwendigen Lebensmittel anzubauen und Vieles mehr.

Würden wir so eine Reise noch mal machen, wir würden eine ganze Mappe mit Bildern aus unserem Alltag mitnehmen. Wie sieht bei uns eine Küche aus, ein Herd, eine Schule, usw. ... Es gab ein fast unstillbares Interesse für das konkrete Leben der Menschen, aber auch für die Probleme und die Perspektive, die sich die Menschen bei uns erkämpfen wollen.

Ich bin immer mehr dazu übergegangen, bei den Veranstaltungen einen Brief der Frauen aus Deutschland vorzulesen und daran die Situation der Frauen in Deutschland zu erläutern und die zentralen Forderungen der deutschen Frauenbewegung vorzustellen. Anhand der konkreten Lebensgeschichten konnte ich klären, dass auch bei uns in einem technisch hoch entwickelten Land die Frauen weiter um ihre gesellschaftliche Gleichstellung kämpfen müssen.

Damit war der Weg frei, nach gemeinsamen Ursachen für die besondere Unterdrückung und Ausbeutung der Frauen in beiden Ländern zu suchen, aber auch nach einer gemeinsamen Lösung.

Nicht mehr das Trennende in den ganz konkreten Lebensverhältnissen stand im Vordergrund der gemeinsamen Diskussionen, sondern die Suche nach den Gemeinsamkeiten und den gemeinsamen Interessen, die es gilt, auch gemeinsam zu überwinden.

Ein Kernproblem der Frauen in Nepal war, dass sie sagen, sie seien ans Haus gefesselt, sie müssen den ganzen Haushalt machen, Kinder großziehen, Tiere versorgen, die kleine Landwirtschaft, die vor dem Haus ist, bestellen, **da bliebe kaum Zeit, aktiv zu sein**.

In der Regel beginnt ihr Alltag morgens um 5 Uhr und sie sind meist erst spät abends mit ihren Tagesaufgaben fertig. Nicht selten müssen die Frauen 16 Stunden am Tag arbeiten.

Wir konnten darstellen, dass viele Frauen in Deutschland eine ähnlich lange Liste von Aufgaben zu erfüllen haben und ihnen genauso die Verantwortung für die ganze Familie übertragen wird. Zwar gehen sie meist zum Arbeiten aus dem Haus, aber dann sind sie doch wieder für alles zuständig. Sie haben den ständigen Balanceakt zu vollziehen, Berufstätigkeit und Familie unter einen Hut zu bringen. Mit dem Ergebnis, dass dafür der gefundene Hut immer wieder zu klein ist.

Deshalb ist es für die Frauen bei uns ebenso eine der Kernfragen: **Erkämpfe ich mir die Zeit, aktiv zu werden?**

Weiter stellten wir fest, dass in beiden Ländern diese Verantwortung der Frauen für Haushalt und Familie durch eine Vielzahl von Gebräuchen, Moralvorstellungen und Traditionen organisiert ist. Sicherlich war den nepalesischen Frauen das Wort „Rabenmutter" unbekannt, aber die moralische Verpflichtung, verantwortlich für die Kinder zu sein, kannten sie genau so gut.

Den Ehemann wegen fehlender Liebe zu verlassen, war für sie fast unvorstellbar. Eine Frau hat in Nepal immer treu zu ihrem Mann zu stehen. Dies trifft sicherlich auf uns Frauen in Deutschland in diesem Sinne nicht mehr zu. Aber wir kennen doch Sprüche wie: „Scheiden lassen kommt nicht in Frage, das geht doch wegen der Kinder nicht."

Und letztlich gehört es auch zu den Gemeinsamkeiten, dass es einiger Überzeugungsarbeit bedarf, das Selbstbewusstsein der Frauen zu entwickeln, dass wir sehr wohl was von Politik verstehen und in der Lage sind, den Kampf um die Befreiung der Frau zu führen. Wir waren uns einig, dass die Aussagen wie „Wir Frauen in Nepal sind rückschrittlich und ungebildet", genau so wenig stimmen, wie die Ansicht vieler deutscher Frauen: „von Politik verstehe ich nichts".

Oft genug beweisen gerade Frauen, welche Fähigkeiten in ihnen stecken. Nur sehen sie diese selbst als letzte.

Bei der Ursachenforschung für diese Gemeinsamkeiten waren wir beide fündig geworden.

So schreibt ANWA in ihrer Charta der Frauenrechte:

„Eine der Grundvoraussetzungen für die Befreiung der Frau ist die gründliche Überprüfung der gegenwärtigen Familienordnung. Die Struktur der Familie ist es, die die Frauen an die Hausarbeit bindet und sie davon abhält, ihre Gefühle gegen die Benachteiligung im Namen des Geschlechts auszudrücken."

Eifrig suchte ich in meinem treuen Reisebegleiter und Nachschlagewerk, „Neue Perspektiven für die Befreiung der Frau", was ich dort über die Ursachen der besonderen Unterdrückung der Frauen finden konnte. Auf Seite 66 wurde ich fündig. Dort wird ein Zitat von Lenin veröffentlicht, das es mir sehr angetan hat, vor allem der letzte Halbsatz. Er tauchte seitdem auch in vielen meiner in Nepal gehaltenen Reden auf.

Lenin schrieb dies anlässlich des Internationalen Frauentags.

„Denn die weibliche Hälfte des Menschengeschlechts ist unter dem Kapitalismus doppelt unterdrückt. Die Arbeiterin und die Bäuerin werden vom Kapital unterdrückt und bleiben darüber hinaus selbst in den allerdemokratischsten bürgerlichen Republiken erstens nicht gleichberechtigt, denn das Gesetz gewährt ihnen kein gleiches Recht mit dem Mann; zweitens – und das ist die Hauptsache – verbleiben sie in der 'häuslichen Sklaverei' ... weil sie durch die gröbste, schwerste, den Menschen am meisten abstumpfende Arbeit, die Kleinarbeit in der Küche und überhaupt im vereinzelten Familienhaushalt niedergedrückt werden." (Lenin, Werke, Bd. 32, S. 159/160)

Weiter dann die Schlussfolgerungen der Autoren in dem Buch auf der gleichen Seite:

*„In der **Verantwortung der Frauen für die private Haushalts- und Familienführung** liegt die materielle Grundlage für die doppelte Unterdrückung der Masse der Frauen im Kapitalismus. Diese doppelte Unterdrückung tritt durchaus nicht in erster Linie als offene Gewaltanwendung der Männer gegen die Frauen zu Tage. (S. 66)*
Es liegt in der Natur der Sache, dass sich die Aufgaben der Produktion und Reproduktion des menschlichen Lebens nicht auf Dauer durch offene Gewalt, durch Gesetze, Verordnungen oder Strafandrohungen durchsetzen lassen. Es ist die Aufgabe der bürgerlichen Weltanschauung, besonders von Tradition und Moral,

die Rolle der Frau dabei als natürlich, gottgegeben und gar nicht anders denk-
bar erscheinen zu lassen." (S. 73)

Unsere gemeinsamen Diskussionen über die Gründe für die besondere Unterdrückung der Frau vertieften diese Erkenntnis immer mehr, und ich habe sie
sehr häufig auch in meine kleinen Ansprachen eingebaut. Uns wurde klar, dass
zu einer Gesellschaft ohne Ausbeutung und Unterdrückung auch die Überwin-
dung der Familienstrukturen gehören, die die Frauen an den Haushalt ketten
und die Verantwortung für die Kinder zu einer privaten Aufgabe der Familie erklären, statt zu einer Aufgabe, für die die ganze Gesellschaft verantwortlich ist.

ANWA – ein Frauenverband mit Masseneinfluss

Nepal ist eines der ärmsten Länder der Welt, mit der elftgrößten Analphabetenrate der Welt und mit für uns fast unvorstellbaren Frauen diskriminierenden Traditionen. Wer hätte in solch einem Land eine so starke Befreiungsbewegung und vor allem auch eine so starke Frauenbewegung vermutet?

Zu oft wird uns doch hier das Bild vermittelt, dass Menschen unter so elenden
Bedingungen nur leiden können, keine Kraft haben, sich selbst zu befreien, nur
dahinvegetieren und deshalb unseres Mitleids und unserer Führung bedürfen.
Sie seien auf die Hilfe von westlichen Spezialisten und der so genannten „Entwicklungshilfe" angewiesen.

Diese Frauenbewegung ist der Beweis, dass dieses Bild nicht stimmt und dass
wir von dieser Kraft, der Zielstrebigkeit, Beharrlichkeit und Klarheit eine Menge lernen können.

Ausnahmezustand kein Hinderungsgrund

Sorgfältig war die Kampagne von den Frauen über ein Jahr geplant gewesen,
und dann das: Im November 2001 wurde der Ausnahmezustand verhängt.

Natürlich gab es unter den Frauen heftige Diskussionen: Können wir unsere
Kampagne trotzdem durchführen? Ist es nicht zu gefährlich? Können wir für
die Sicherheit der ausländischen Delegation die Verantwortung übernehmen?
Kommen wir durch die Militärkontrollen?

„Es gibt keine schweren Bedingungen, unter denen man nicht kämpfen kann, man muss diese Bedingungen nur in Rechnung stellen."

Das war das entscheidende Argument, das dazu geführt hatte, an der beschlossenen Kampagne festzuhalten.

Natürlich wusste *ANWA*, dass er mit der Durchführung der Kampagne nicht allein steht. Vor allem konnte *ANWA* auf die vielen Mitglieder und Unterstützer vor Ort zählen. Sie waren es, die zu den Treffen mobilisierten, Schlafplätze organisierten, Essen für das Team kochten und vieles mehr. Dies bedeutete für die Frauen vor Ort oft tagelange Märsche. Wie sollten die Absprachen getroffen werden, wenn kein Telefon vorhanden ist? Wenn keine der Frauen ein Auto besitzt, mit dem man schnell in das nächste Dorf fährt? Auch sind die Bus- oder Straßenverbindungen nicht überall vorhanden. Und nicht zuletzt bedeutet für viele *ANWA*-Frauen die Teilnahme an Veranstaltungen bzw. die Zeit, die sie für die Organisierung der Arbeit brauchen, reale Einkommensverluste oder geringere Erträge.

Durch Mark und Bein ging mir die Erfahrung von *Tulsipur*. In einer kleineren Versammlung von vielleicht 50 bis 60 Frauen haben wir heftig über den Kampf um das Eigentumsrecht diskutiert und die unterschiedlichen Erfahrungen im Kampf um die Befreiung der Frau ausgetauscht. Eifrig mitdiskutiert hatte eine etwas ältere, anmutige Frau. Zum Schluss meldete sie sich nochmals zu Wort. Sie berichtete, dass sie mit dem ganzen Herzen ANWA-Frau ist, wirklich glücklich ist, dass sie heute hier ist und diese Veranstaltung nie hätte missen wollen. Aber nun hätte sie ein Problem:

„Ich habe hier an der Veranstaltung teilgenommen und das war auch gut so, aber ich habe jetzt kein Gras geschnitten für den Büffel. Ohne Gras gibt der Büffel keine Milch. Ohne Milch keine ausreichenden Mahlzeiten für die Kinder."

Eine konkrete Lösung konnte für diese Frau nicht gefunden werden, denn dies stellte sich nicht nur für diese Frau so dar, sondern für sehr viele, die an dieser oder an anderen Veranstaltungen teilgenommen haben.

Es zeigt aber sehr anschaulich, was es für die Frauen bedeutet, aktiv zu sein. Es erfordert eine sehr hohe Opferbereitschaft aber auch Klarheit, dass dies der einzig richtige und konsequente Kampf ist, um aus der Armut und Unterdrückung herauszukommen.

Bei einer nochmaligen Durchsicht meines Tagebuchs muss ich sagen, es gab wirklich keinen Tag, an dem es keine Versammlung gab. Zwar kam *Laxmi* an verschiedenen Tagen auf mich zu und sagte:

„Gabi, heute brauchst du kein Rede halten, es ist kein Treffen geplant, heute kannst du dich ausruhen."

Dabei blieb es jedoch nie. Denn die *ANWA*-Frauen fanden immer wieder aktuelle und konkrete Anlässe, kleine Treffen und Veranstaltungen durchzuführen, die gar nicht vorgesehen waren.

Cornermeetings

Nach zwei bis drei Stunden Fahrt im Jeep mit 17 Personen bei herrlichem Sonnenschein, da ist schon mal eine Pause nötig. Also raus aus dem Jeep, rein in die Teestube. Aber warum sollen wir hier einfach nur Tee trinken?

Eine *ANWA*-Frau kam immer auf die Idee, doch schnell noch ein *Cornermeeting* (Eckentreffen) zu machen. Ohne dass wir es merkten, ging schon ein Mitglied des Kampagnenteams mit dem Megafon durch die Straße und kündigte eine kleine Versammlung an. *„Trink schnell deinen Tee aus, es geht los"*, rief *Mina* und stellte noch schnell einen Tisch auf die Straße, an dem das Transparent von *ANWA* befestigt wurde. Das Megafon war eh schon griffbereit. Mehr brauchten die *ANWA*-Frauen nicht. Ihre Reden hielten sie ohne schriftliche Vorlagen aus dem Kopf und begeisterten die Menschen. Keines dieser *Cornermeetings* wurde von weniger als 100 Menschen besucht. Schnell wurden dabei dann auch mal 20 bis 30 Broschüren verkauft, seien es die Briefe der Frauen aus Deutschland oder ihre eigenen Broschüren zur Arbeit von *ANWA*.

Oder abends vor dem Schlafen gehen

Eigentlich wollten wir nur übernachten, aber als die Frauen gehört hatten, dass wir da waren, kamen sie aus der Nachbarschaft, um uns zu begrüßen. Und auch dann saßen im Nu 50 Frauen zusammen und es wurden richtige kleine Veranstaltungen.

„Erzähl doch den Frauen kurz was, wenn sie schon mal da sind ..."
„Aber nur, wenn sie auch was von sich erzählen."

Hier war nur ein Essen geplant

Der *Pyuthan*-Distrikt lag hinter uns und es ging weiter nach *Karhadhai*. Da in Nepal die erste Mahlzeit zwischen 10 und 11 Uhr vormittags eingenommen wird, wurde um diese Zeit immer eine Familie aufgesucht, die für das Essen des Teams an diesem Tag verantwortlich war. Heute war *Karnas* Familie für das Essen verantwortlich. *Karna* kannten wir schon aus den ersten Wochen und wir freuten uns darauf, ihn wieder zu sehen.

Er bereitete in der ersten Woche die Kampagne mit vor und wurde während der Vorbereitungsarbeit von einer Militärkontrolle festgehalten und verprügelt. Mit geplatztem Trommelfell und einem Nierenschaden ließ er sich in *Dhangarhi* auf die Bühne helfen und hielt eine flammende Rede gegen den Ausnahmezustand und für das Recht der Frauen auf Eigentum. Erst danach fuhr er mit uns im Jeep weiter und ließ sich ins Krankenhaus bringen.

Eigentlich hätten wir es uns denken können. *Karna* hat es sich nicht nehmen lassen, das Kampagnenteam mit einer großen Versammlung zu begrüßen. Wir kamen kaum aus dem Jeep, wurden mit Blumenketten überschüttet, mussten unzählige Hände schütteln und auf einer Versammlung mit über 300 Teilnehmern berichteten die *ANWA*-Frauen über ihre Kampagne. Ich konnte über das Leben der Frauen in Deutschland berichten, über die Frauenbewegung in Deutschland und über die vielen gemeinsamen Erfahrungen, die wir in den letzten Wochen schon gemacht hatten.

Eine ANWA-Aktivistin stellt sich vor

Liebe Frauen in Deutschland,

ich heiße Nirmala Aryal und habe zwei Schwestern und zwei Brüder. Ich selbst bin jetzt 39 Jahre alt. Mutter und Vater sind tot. Ich habe vor 20 Jahren geheiratet, da war ich 19 Jahre alt. Mein Mann ist 41. Meine Eltern sagten mir damals, ich sollte ihn heiraten, heute bin ich sehr glücklich. Meine Eltern haben diese Heirat organisiert. Die Liebe ist erst im Laufe der Ehe gekommen, vorher liebte ich meinen Mann nicht. Ich habe ihn vorher nicht gekannt. Mein Vater hat ihn ausgesucht. Die Eltern mussten keine Mitgift geben.

Jetzt lebe ich mit meiner Tochter und zwei Söhnen hier. Wir haben eine Reismühle und ich bin bei ANWA aktiv. Ich bin im Distrikt-Komitee. Ich bin zehn Jahre in die Schule gegangen. Vor vier Jahren sind wir hierher gekommen. Mein Mann und ich sind Arbeiter, wir lebten vorher in Indien. In Indien hat mein Mann in der Iron and Steel Company gearbeitet. Alle fünf Personen (wir haben drei Kinder) haben in dieser Zeit in Indien gelebt. Die Kinder sind alle dort geboren und sind auch dort zur Schule gegangen. In Indien waren wir auch beide politisch aktiv, mein Mann war im Zentralkomitee der All India Nepalese Unity Society, (eine Organisation, in der die nepalesischen Arbeiter in Indien organisiert sind). Ich arbeitete für ANWA und war dort Präsidentin des Frauenverbandes der Nepalesinnen in Indien.

Die Schwiegereltern leben nicht hier; mein Mann und ich kamen hierher zurück und wir bauten eine kleine Reisfabrik auf. In unserer Fabrik arbeiten während der Reissaison 20 Arbeiter, sonst nur 3 bis 4. Sie leben hier. Wenn keine Saison ist, gehen die Arbeiter in ihre Häuser zurück.

Hier arbeite ich seit einem Jahr für ANWA. Die Frauen haben viele Probleme hier. Ein Problem ist, dass die Männer die Frauen schlagen. Auch haben sie wirtschaftliche Probleme. Die Männer trinken Wein und dann schlagen sie ihre Frauen. Die Probleme mit den Kindern sind ebenfalls sehr groß, da die Kinder oft krank werden. Es gibt aber hier keinen Arzt, auch haben sie kein Geld für die Medikamente. Die Männer brauchen das Geld, um Wein zu trinken, und geben es nicht für die Kinder, damit sie zum Arzt können. Sie verbrauchen ihr Eigentum, um Wein zu trinken, dann ist kein Geld für die Familien da. Das ist das Hauptproblem.

Ich gehe zu diesen Frauen und wir beraten, wie wir die Probleme lösen können. Die Frauen können ihre Männer nicht leicht verlassen, da sie kein Eigentumsrecht haben. Sie versuchen, mit den Männern zu reden, aber oft hören sie nicht. Es gibt sehr wenig Erfolg, in einigen Fällen können sie es lösen, aber meistens nicht.

Das Distrikt-Komitee hat sieben Mitglieder, wir fangen die Arbeit hier erst an. Es geht nur sehr langsam voran. Da ich auch in der Reisfabrik mitarbeiten muss, habe ich nur wenig Zeit für die ANWA-Arbeit.

Ich wünsche mir, dass ANWA sehr groß wird. Wir haben keine Hauptamtlichen hier, so ist es schwer, die Arbeit zu entwickeln. In Indien habe ich mehr für ANWA gearbeitet. Es ist nicht leicht, denn in unserer kleinen Fabrik arbeite ich mehr, als wenn ich woanders arbeiten würde. Wir mussten diesen kleinen Industriebetrieb aufbauen, um unseren Kindern eine Ausbildung zu geben. Aber ich möchte mehr bei ANWA machen.

Es ist schön zu sehen, dass die deutschen Frauen auch für ihre Befreiung kämpfen. Ich wünsche mir, dass die Frauen sich gegenseitig helfen. Unser Freundschaftsverhältnis zwischen den Frauen in Nepal und in Deutschland soll wachsen. Unser Lebensstandard ist unterschiedlich. Die Forderung nach dem Eigentumsrecht ist neu für uns, aber in Deutschland ist das kein Problem. Es ist für uns eine wichtige Forderung. Für uns ist das sehr wichtig, dass wir gleiche Rechte bekommen, dies werden wir im Parlament durchkämpfen.

Ich wünsche mir, dass die Frauen aus Deutschland uns helfen, denn die Frauen sind ausgebildet, hier nicht. Die Frauen könnten uns in der Erziehung und Ausbildung der Frauen helfen. Wir könnten neue Ideen austauschen, die Probleme zu lösen. Dadurch, dass ihr hier seid, bekommen die Frauen Mut und sind sehr glücklich. Neue Mitglieder werden aktiver und mobilisiert, weil andere Organisationen merken, dass ANWA Kontakt zu Deutschland hat, andere sind unglücklich, dass sie diesen Kontakt nicht haben.

Wir sind sehr glücklich über euren Besuch, wir wünschen uns, dass sich diese Besuche von Zeit zu Zeit wiederholen, das kann ANWA helfen. Unsere Frauen werden dadurch aktiver, sie bekommen Mut und eine größere Offenheit.

Wir brauchen eine gemeinsame Sprache, die gesellschaftlichen Probleme zu diskutieren, ich möchte mich so gern intensiv mit euch unterhalten und austauschen, aber uns fehlt die gemeinsame Sprache.
Herzliche Grüße,
eure Nirmala

Nirmala ist uns während der Kampagne so richtig ans Herz gewachsen. Gleich am ersten Tag unserer Reise, noch bevor wir überhaupt das Kampagnenteam erreichten, waren wir bei ihr zum Essen eingeladen. Neugierig beobachtete sie uns und man spürte ihre Aufgewühltheit, weil sie fragen wollte, aber kein Englisch konnte. Eine Woche später entstand das Interview mit ihr. Hier vertrat sie noch, dass sie wenig Zeit für die ANWA-Arbeit hätte, dass sie sich die Hilfe der Frauen aus Deutschland wünscht. Wir verabschiedeten uns zum zweiten Mal von ihr. Erstaunt stellten wir kurze Zeit später fest, dass Nirmala dann doch plötzlich wieder auftauchte. Erst kam sie mit dem Bus nachgereist, wo immer es noch möglich war, um an der Kampagne teilzunehmen. Tage später stand sie dann mit ihrer Tasche da. Sie nahm über eine Woche an der Kampagne teil, reiste mit uns im Jeep und entwickelte sich zu einer begeisterten Rednerin. Hier war nichts mehr zu spüren, dass sie angeblich ungebildet sei. Hier war klar, da redet eine selbstbewusste Frau, die weiß, warum sie kämpft und was sie will. Es wurde richtig lebendig, internationale Solidarität in der Frauenbewegung ist keine Einbahnstraße, hier geht es **um gegenseitige Unterstützung und um gegenseitiges Lernen**.

Das Erfolgsteam von Dharapani

Es war nicht einfach, zu diesen Frauen zu kommen, die durch ihre systematische Arbeit dafür verantwortlich waren, dass in ihrem Dorf die größte Veranstaltung der Kampagne mit 1200 Menschen stattfand.

Es führt nur eine einzige Straße nach *Shandhi Kharka* in die Distrikthauptstadt, wenn man diesen Weg überhaupt als Straße bezeichnen kann. Ausgerechnet auf dieser Fahrt fing es an zu regnen. Der erste, noch etwas 'harmlose' Schritt war: Anhalten, alles Gepäck mit in den Jeep zu den 17 Personen und weiter ging's. Mit der Gemütlichkeit – wenn man davon überhaupt sprechen konnte – war es dann endgültig vorbei.

Im Nu war die Lehmstraße eine einzige Schlammbahn und an eine Weiterfahrt nicht mehr zu denken. Zum Glück gab es oben auf dem Berg eine kleine Teestube, in der wir den Regen abwarten konnten. Aber wie sollte es weitergehen? Nach kurzer Beratung war klar, mit dem Jeep geht es auf keinen Fall weiter. Der kann erst wieder fahren, wenn die Straße trocken ist. Später erfuhren wir, dass in der Regenzeit der ganze Distrikt über zwei Monate von der Außenwelt abgeschnitten ist.

Da unklar war, wann der Jeep nachkommen kann, hieß es auf die Schnelle zu entscheiden, was an Gepäck für die nächsten ein bis zwei Tage nötig ist. Ich bewaffnete mich mit Zahnbürste, frischer Unterwäsche und dem Laptop. Mein Mann setzte ähnliche Prioritäten und ersetzte den Laptop durch die Kameraausrüstung. So gingen wir auf die Wanderschaft nach *Shandhi Kharka*.

Es wurde gerade dunkel, als wir die ersten Häuser erreichten. *Dilaram*, der *NPF*-Abgeordnete, der unser aktueller Begleiter war, fing wie wild an zu telefonieren. Wir verstanden gar nicht, um was es jetzt schon wieder ging. Können wir nicht einfach weitergehen, bevor es ganz dunkel ist? Was soll diese Telefoniererei? Nach einer Stunde wurden wir zum Weitergehen aufgefordert.

Was war geschehen? *Dilaram* telefonierte so lange, bis er von dem örtlichen Polizeipräsidenten die Genehmigung hatte, dass wir auch im Dunkeln noch in die Stadt marschieren können, und ließ sich die Zusicherung geben, dass er seinen Polizisten die Anweisung gegeben hat, nicht zu schießen. Da hatten wir die Auswirkungen des Ausnahmezustandes mal wieder heftig unterschätzt!

Aber jetzt zu unseren Frauen aus *Dharapani*, zu ihnen kamen wir drei Tage später. Der Ort liegt noch ein Tal weiter. Wir waren völlig fassungslos, wie in einer solch abgelegenen Gegend 1 200 Menschen zu einer Versammlung von *ANWA* kommen konnten. Davon mindestens 80 Prozent Frauen. Wo wohnen diese Menschen nur alle, fragten wir uns ständig. So weit wir schauen konnten, konnten wir immer nur einzelne Häuseransammlungen erkennen.

Nach der Versammlung stellte uns *Dilaram*, nicht ohne Stolz, denn es ist sein Wahlbezirk, das Distrikt-Komitee von *ANWA* vor. Eine Frau ist Lehrerin, alle anderen sind Bäuerinnen.

Begeistert machten wir uns daran, ihnen Löcher in den Bauch zu fragen, was ihr Geheimnis ist, so viele Frauen zu mobilisieren.

Es stellte sich heraus, dass dieses Komitee eine sehr intensive Arbeit macht. Sie gehen von Haus zu Haus und werben für die Veranstaltungen und für die Arbeit von *ANWA*. Direkt hier im Ort treffen sie sich einmal in der Woche, um über alle möglichen Fragen zu sprechen. Sie nutzen jede Gelegenheit, mit den Nachbarn zu sprechen, sei es am Brunnen beim Wasser holen oder Wäsche waschen. Dort, wo die Frauen sind, sind sie auch.

Sie erklärten, dass es von den Themen nichts gibt, was nicht besprochen wird. Sie sprechen über alles, was sie interessiert und ihr Leben berührt. Da gehört auch der Sozialismus dazu, berichteten sie stolz. Eine Einschränkung auf Frauenfragen gibt es bei ihnen nicht. Es gehört eben alles auf den Tisch. Da die gesellschaftlichen Probleme nicht einfach zu durchschauen sind, die Frauen aber viele Fragen haben, machen sie von Zeit zu Zeit auch Bildungsarbeit und Schulungen. Wenn möglich, holen sie sich hier die Unterstützung vom Zentralkomitee von *ANWA* oder auch Vertretern der *NCP (Mashal)*.

Leider wurde schon um 17 Uhr zum Aufbruch geblasen, da wir ja vor Anbruch der Dunkelheit wieder in unserem Schlafquartier sein mussten.

Auch diese Tour beendeten wir zu Fuß. Diesmal war die Achse eines Traktors gebrochen und die Straße war blockiert. Ähnlich bewaffnet wie vor drei Tagen wanderten wir zu Fuß nach *Shandhi Kharka* zurück, in der Hoffnung, der Jeep würde bis zum nächsten Tag ebenfalls ankommen, damit wir unsere Kampagnentour weiter fortsetzen könnten.

Das Eigentumsrecht der Frauen – in Nepal nicht unumstritten

Mit der Vorstellung, dass eigentlich nicht wirklich jemand etwas gegen das Eigentums- und Scheidungsrecht der Frauen haben könnte, habe ich an der ersten Pressekonferenz teilgenommen. Hier musste ich mich jedoch eines Besseren belehren lassen.

Nicht zimperlich waren einige durchaus noch junge Journalisten mit ihrer Kritik an der Kampagne.

Wenn die Frauen ein Recht auf Scheidung hätten, würden sie sich alle paar Jahre scheiden lassen und einen anderen Mann heiraten. Da würde das ganze Familiensystem kaputt gehen.

Ähnlich argumentierten sie mit dem Eigentumsrecht. Das Eigentumsrecht der Frauen würde die ganze soziale Ordnung von Nepal zerstören und umstoßen. Wie die ANWA-Vertreterinnen sich das denn vorstellen würden?

Meine Antwort wäre hier sicherlich recht kurz und bündig gewesen in dem Sinne: „Wenn eine soziale Ordnung den Frauen diese elementaren Rechte nicht zugesteht, dann ist sie auch nicht wert, zu existieren." Ich bin mir sicher, das hätte zu recht heftigen Auseinandersetzungen geführt.

Später berichteten mir die ANWA-Frauen, dass durchaus nicht alle Frauenverbände diese Forderungen aufstellen würden und dass es auch einige Auseinandersetzungen zwischen den Verbänden geben würde. So fordert der Frauenverband der Nepalesischen Kongresspartei – der herrschenden reaktionären Partei – lediglich das Recht auf Bildung und das Recht auf Arbeit für die Frauen. Bei dem Scheidungs- und Eigentumsrecht würden diese Frauen ähnlich argumentieren wie die Journalisten.

Auf die Nichtregierungsorganisationen (NROs) ist ANWA nicht gut zu sprechen

Es war gleich die dritte oder vierte Veranstaltung, als uns die örtlichen ANWA-Frauen in Manakamana auf die NROs angesprochen haben. Sie fragten: „Gibt es bei euch auch so viele NROs und machen diese euch auch so viele Probleme? Sie sind eine richtige Gegenbewegung gegen den selbständig organisierten Kampf der Frauen für ihre Befreiung."

Natürlich sind mir die Auseinandersetzungen um die Arbeit der NROs nicht unbekannt. Gibt es doch auch bei uns etliche Frauenorganisationen, die sich als Nichtregierungsorganisationen verstehen. Meist legen diese Organisationen ihren Schwerpunkt auf die Lobbyarbeit. Ich war gespannt, was die Frauen mir darüber berichten würden. Gleichzeitig schaute ich aber auch nach, was in meinem Ratgeber für Frauenfragen dazu steht. Ich wurde fündig:
„Da die von den imperialistischen Ländern beherrschte UNO kein Interesse an der Entwicklung einer kämpferischen Frauenbewegung hat, wurde der **kleinbürgerliche Feminismus** über die UNO und insbesondere über so genannte 'Nichtregierungsorganisationen' (NGO) systematisch in die internationale Frauen-

bewegung getragen. Er ist **Bestandteil der Herrschaftsausübung des Neo-kolonialismus** geworden.

Eine wesentliche Wirkung der Frauenpolitik dieser NGO ist die Spaltung von Männern und Frauen und von Frauenbewegung und revolutionärer Bewegung. Darüber berichtete die Marxistin-Leninistin Kathy Nadkar aus Indien:

'Es gab viele Diskussionen in der Frauenfrage, vor allem unter dem Einfluß von Nichtregierungsorganisationen, die den Widerspruch Mann – Frau als antagonistisch behandeln. Sie versuchen, die Rolle der Partei zu unterhöhlen. Als Vorwand nehmen sie das Argument, die Linke würde die Frauenfrage vernachlässigen. Die NGO begannen eine Kampagne, die vom Ausland finanziert war. Das Ergebnis war, daß viele Frauen, die vorher aktiv waren, in die Passivität gedrängt wurden oder jetzt in NGO arbeiten. Sie bekamen eine akademische Ausbildung und wurden von der kämpferischen Frauenbewegung und marxistisch-leninistischen Bewegung abgezogen.' (Gespräch mit Monika Gärtner-Engel am 28. April 1998)" (aus: Stefan Engel, Monika Gärtner-Engel, „Neue Perspektiven für die Befreiung der Frau – eine Streitschrift", S. 200/201)

Das trifft nach den Erfahrungen der Frauen in Nepal den Nagel auf den Kopf. So berichteten mir die *ANWA*-Frauen, in einigen Distrikten gebe es sehr viele Müttergruppen, die wohl der *Nationalen Demokratischen Partei* sehr nahe stehen, sich aber bewusst als NRO bezeichnen. Diese Müttergruppen arbeiten vor allem auf lokaler Ebene und nehmen sich immer ein ganz konkretes Projekt vor. Sei es die hygienische Versorgung, selbst organisierte Lese- und Schreibprogramme für die Frauen und vieles mehr. Alles Dinge, die eigentlich recht sinnvoll sind. Die *ANWA*-Frauen erzählten, dass sie zu Beginn auch in diesen Müttergruppen mitgearbeitet haben. Es kam aber schnell zu Unstimmigkeiten, denn unsere *ANWA*-Frauen wollten in den Gruppen auch diskutieren, was die Ursachen für ihre Probleme sind, wie die Frauen über die soziale Arbeit hinaus auch politisch aktiv werden können. Dagegen wandten sich die offiziellen Vertreterinnen dieser Müttergruppen, sie bekämen finanzielle Mittel dafür, dass sie soziale Dienste organisieren würden, eine politische Auseinandersetzung sei in diesen Gruppen nicht erwünscht. Daraufhin haben die *ANWA*-Vertreterinnen eine weitere Mitarbeit aufgegeben.

ANWA kritiert, dass die Bevölkerung über die Ursachen für die Armut in Nepal im Unklaren gelassen werden sollen. Meist wird ihnen erzählt, es liegt an ihrer Ungebildetheit und der Rückschrittlichkeit des Landes. Damit wird der Bevölkerung selbst die Schuld für die Lage des Landes gegeben.

Die Feldarbeit erfolgt bis auf wenige Ausnahmen durch Handarbeit

Weiter berichteten sie, dass einige NROs an die Frauen so genannte Sitzungs-gelder verteilen würden in Höhe von 50 bis 100 Rupien, was immerhin ein Tages-lohn eines Landarbeiters ist, und sie durch diese Arbeit schon etliche Mitglie-der verloren hätten. Die NROs verfügen in der Regel über Geld, um bestimmte Projekte durchzuführen, und versprechen den Frauen Arbeit, was in einzelnen Fällen auch gelingt. ANWA dagegen hat kein Geld zu verteilen, im Gegenteil, sie sammeln regelmäßig Spenden für die eigene Arbeit und bei ANWA-Mitglied zu sein kostet einen Jahresbeitrag von 20 Rupien.

Hier entbrennt unter den Frauen die heftige Auseinandersetzung. Machen wir uns von fremder Hilfe abhängig, lassen uns von anderen, meist ausländischen Vertretern sagen, was richtig und falsch ist für uns und unser Land, oder ge-hen wir unseren eigenen Weg, gebrauchen unseren eigenen Kopf, erkennen die Ursachen für die Probleme in unserem Land und streben eine Gesellschaft ohne Ausbeutung und Unterdrückung an?

Im Baglung-Distrikt kamen wir zufällig zu einem „Frauentreffen" einer däni-schen NRO, als wir eine Verwandte eines Mitglieds unseres Kampagnenteams

Wohn-, Schlaf- und Arbeitsplatz von Arbeitern einer Reismühle

besuchten. Unsere Gastgeberin war bei dieser NRO angestellt. Die Gruppe hatte gerade Besuch von Vertreterinnen, die ihnen ein „Kleinkreditprogramm" für Frauen vorstellten. Auf uns machte dies verdächtig den Eindruck nach einem Kettenbriefsystem. Die Frauen sollten mit einer Einlage von 150 Dollar beginnen und immer weitere Interessentinnen für dieses Projekt gewinnen. Später dann würden sie ein Vielfaches davon zurückbekommen, wenn sich an dem Projekt nur genügend Frauen beteiligen würden.

Dieser Idee stand auch die „hauptamtliche Kraft" recht skeptisch gegenüber, konnte die Frauen aber nicht von der Gefährlichkeit dieses Projektes überzeugen. Wir versuchten immer weiter nachzufragen, da das Ganze auf uns sehr unseriös wirkte. Aber leider sind die drei Frauen mit ihrer bunten Werbemappe dann sehr schnell aufgebrochen. So erfuhren wir nicht genauer, was den Frauen wirklich angeboten wurde. Da mir die Auseinandersetzung über die NROs sehr wichtig erschien, habe ich sie in einem anschließenden Gespräch mit Mitgliedern des Zentralkomitees von ANWA angesprochen.

Mit nur 15 Personen auf dem Weg nach Pyuthan

Sie erzählten, dass es ihrer Kenntnis nach über 6 000 solcher NROs in Nepal gibt. In einem Presseartikel von *nepalnews.com* aus dem Jahre 2000 konnte ich sogar die Zahl von 15 000 NROs und „Wohlfahrtsgruppen" finden. Diese unglaubliche Zahl veranlasste mich nachzuforschen, warum es denn so viele NROs gibt. Das konnte ich mir nicht richtig erklären. Der Grund dafür ist, dass die NROs steuerbefreit sind und keine Rechnungsbelege vorweisen müssen. In einem Internetartikel heißt es dazu: „*Obwohl sehr viele Organisationen und Menschen zu helfen versuchen, sind doch zumindestens die meisten nepalesischen Organisationen reine Privatunternehmen, zur Bereicherung der Familien oder Interessengruppen gedacht. So kommen weniger als geschätzte zehn Prozent der Gelder tatsächlich jenen zugute, für welche sie eigentlich gedacht sind. Wenn man die Beträge zusammenzählt, welche ins Land fließen, wundert man sich, warum sich nichts ändert ...*" (www.navyonepal.com/politicasviluppo_d.htm)

ANWA nimmt in der Zwischenzeit eine sehr rigorose Haltung gegen die NROs und INROs ein. (Unter INROs verstehen sie Organisationen, die mit Geldern aus dem Ausland arbeiten, als Beispiel sei hier die Friedrich-Ebert-Stiftung genannt,

Beni: ein Krankentransport durchquert das streng bewachte Cornermeeting
von ANWA

die mit vielen Projekten in Nepal vertreten ist). Sie sagen, wer Mitglied in einer
NRO ist, kann nicht Mitglied bei *ANWA* werden. Sie berichteten, dass sie eine
Kampagne gegen die schädliche Wirkung der *NROs* planen. *„Denn wenn wir
gegen deren Beeinflussung auf die Frauen nichts machen, werden wir an diese Organisationen eine Menge Mitglieder verlieren."* So die *ANWA*-Vertreterin-
nen. Als Hauptargumente gegen die politische Organisierung der Frauen würden die *NROs* folgende Argumente bringen:

- Sie wollten unabhängig sein, wir bräuchten keine Parteien und politischen
  Organisationen. In Wirklichkeit bringen sie selbst die Frauen in Abhängigkeit
  von Stiftungen, Organisationen und Geldgebern.
- Eine revolutionäre Bewegung sei nicht nötig, die Frauen könnten ihre Ziele
  auf parlamentarischem Weg erreichen, vor allem im Kampf gegen die Männer. In Wirklichkeit ketten sie damit die Frauen an ein überholtes System,
  das die Unterdrückung und Ausbeutung der Bevölkerung weiter verstärkt.

Nepals Zukunft

116

Beloyri; erste Veranstaltung auf einem Schulhof

- Die Lösung der Probleme der Frauen hinge von deren Bildung ab, wenn die Frauen Bildung hätten, ginge es ihnen auch besser. In Wirklichkeit ist das Problem der Frauen die Abhängigkeit ihres Landes von Indien oder den imperialistischen Ländern wie der BRD und den USA, die eine eigenständige Wirtschaft verhindern, wodurch die Armut unter der Bevölkerung immer weiter wächst.

Damit tragen die *NROs* jedoch tatsächlich zur Spaltung zwischen Frauen und Männern bei und ebenfalls zur Trennung von Frauen- und Befreiungsbewegungen. Sie arbeiten so auch konsequent gegen die selbständige politische Organisierung der Frauen in Nepal für ihre Befreiung.

Ich wünsche gerade auf diesem Feld *ANWA* sehr viel Erfolg in ihrer Überzeugungsarbeit gegen die zersetzende Wirkung dieser Organisationen auf die kämpferische Frauenbewegung in Nepal.

Dharapani; 1200 Menschen kamen zur Veranstaltung von ANWA

Ein großer Wunsch nach Einheit im Kampf um die Befreiung der Frau

Während der *Gesamtnepalesischen Frauenkampagne* wurde von *ANWA* auch sehr viel Wert auf die Zusammenarbeit mit anderen Gruppen und Parteien gelegt, denn die Forderungen nach Eigentumsrecht der Frauen, gegen die diskriminierenden und frauenfeindlichen Gesetze in Nepal, die Befreiung der Frau können und müssen in Einheit mit allen daran interessierten Kräften durchgesetzt werden. Dazu ist ein großer Zusammenschluss nötig.

Dem dienten die so genannten Interaction-Veranstaltungen, wie sie vor allem in den Städten durchgeführt wurden.

Nicht selten sprachen auf diesen Veranstaltungen Vertreter und Vertreterinnen von bis zu zehn unterschiedlichen Parteien und Gruppen. Sie alle brachten ihren Respekt und ihre Hochachtung *ANWA* gegenüber zum Ausdruck, weil sie nicht vor dem Ausnahmezustand zurückgewichen ist.

Am beeindruckendsten war in *Kapilvastu* die Vertreterin der *Nepalesischen Kongresspartei*. Sie gratulierte der *ANWA*-Sprecherin *Durga Paudel* für ihre exzel-

119

Auf dem Gipfel von Okharkot mit 650 Menschen

lente Rede für die Rechte der Frauen. Sie könne jedes Wort, das *Durga* gesagt habe, unterschreiben. Damit stellte sie sich offen gegen die Forderungen ihrer eigenen Partei, die das Eigentums- und Scheidungsrecht der Frauen ablehnt.

Flugs sagte sie, sie würde die Rede von *Durga* mal eben in die Sprache der Frauen der Region übersetzen, denn sie gehe davon aus, dass ein Großteil der Frauen hier die Rede von *Durga* nicht verstanden hätte; dies dürfe aber nicht sein. Sie lud *Durga* ein, doch mal für eine Woche oder zwei in diesen Distrikt zu kommen, um gemeinsam hier eine kleine Kampagne zu machen.

Auf keiner dieser Interaction-Veranstaltungen fehlten weitere Vertreterinnen von Parteien wie der *CPN (UML)* (Kommunistische Partei Nepals [Vereinigte Marxisten-Leninisten]) oder anderen Frauenorganisationen.

Neben den Glückwünschen gegenüber *ANWA* kam immer der Wunsch zur Sprache, hier doch gemeinsam zu kämpfen. Es wurde deutlich, dass eine Organi-

Menschen auf dem Nachhauseweg von der Veranstaltung

Karna bei der Ansprache; hier war nur eine Essenspause geplant

sationsform fehlt, die diese unterschiedlichen Kräfte der Frauenbewegung in Nepal zusammenfasst. Die Vertreterinnen des Zentralkomitees waren der Meinung, dass sie Überlegungen anstellen müssen, wie sie diesem Wunsch nach gemeinsamem Handeln Rechnung tragen können. Zu überlegen, wie es möglich sein kann, über Parteigrenzen hinweg organisiert zu arbeiten.

Dieser Wunsch nach einer größeren Einheit in der Frauenbewegung ist uns aus Deutschland ebenfalls bekannt und ich berichtete bei diesen Veranstaltungen über unsere Erfahrungen mit der Organisierung des *Frauenpolitischen Ratschlags*, an dem ja *Durga Paudel* im Jahr 2000 auch teilgenommen hatte.

Beim *Frauenpolitischen Ratschlag* handelt es sich um ein Forum des gleichberechtigten Meinungs- und Erfahrungsaustausches in der kämpferischen Frauenbewegung. Er stellt ausdrücklich keine Konkurrenz zu bestehenden Organisationen dar, sondern bildet eine Plattform sämtlicher Strömungen der Frauenbewegung (mit Ausnahme faschistischer Organisationen), um ihre Arbeit vorzustellen, mit den Teilnehmerinnen und Teilnehmern zu diskutieren und neue Anregungen und Erfahrungen aufzunehmen und zu verarbeiten. Ein wichtiger

Kleines ANWA-Büro in Manakamana

Schritt also zu einer größeren Einheit, Zielklarheit und Entschlossenheit in der kämpferischen Frauenbewegung.

In meiner Rede in *Tansen* stellte ich die wichtigsten Prinzipien des auf überparteilicher Grundlage organisierten *Frauenpolitischen Ratschlags* vor und war gespannt, was die Frauen in Nepal dazu sagen würden. Ich fasste sie wie folgt zusammen:

Wir brauchen eine Zusammenarbeit, die folgende Leitlinien beherzigt:

- *Wir sind ein überparteiliches Forum des gleichberechtigten Meinungs- und Erfahrungsaustausches und verstehen uns als Bestandteil einer internationalen kämpferischen Frauenbewegung.*
- *Wir dürfen uns nicht absondern von anderen Bewegungen und brauchen eine besondere Verbundenheit mit der Arbeiterbewegung.*
- *Wir praktizieren eine sachliche und solidarische Streitkultur.*
- *Wir arbeiten auf der Grundlage weltanschaulicher Offenheit gleichberechtigt zusammen.*
- *Wir finanzieren unsere Arbeit gemeinschaftlich, unabhängig und selbständig.*

Sechs Tage sind diese Frauen gelaufen, um an dem Treffen teilzunehmen

Zu meiner Überraschung lösten die Prinzipien auf dieser Veranstaltung eine heftige Diskussion aus. Von verschiedenen Rednerinnen wurden sie freudig aufgenommen und der Wunsch, unter den Frauen enger zusammenzuarbeiten, betont. Andere kritisierten die Zersplitterung der Frauenbewegung in Nepal. Die parteigebundenen Frauenorganisationen verhinderten die Einheit der Frauenbewegung. Dies wurde vor allem von einzelnen Lehrerinnen oder Journalistinnen kritisiert. Danach ergriff der Vertreter der *Nationalen Demokratischen Partei* das Wort. Er begrüßte die Prinzipien und vertrat die Meinung, dass es wichtig sei, dass die Frauen sich getrennt von den Parteien organisieren müssten. Hier nannte er das Beispiel der Müttergruppen, das ich weiter vorne beschrieben habe und sagte, hier schließen sich die Frauen parteiunabhängig zusammen, dies wäre der Weg, den die deutsche Kollegin auch vertreten würde. *„Halt"*, dachte ich, *„jetzt wird es aber schwierig, dies ist ja genau nicht meine Meinung."* Überparteilich heißt eben nicht, dass Parteivertreterinnen ausge-

Auch Männer und Jungs waren immer aufmerksame Zuhörer der Veranstaltungen

Werbung vor einem Cornermeeting

schlossen werden, sondern gleichberechtigt mitarbeiten. Schnell sprang mir *Dilaram*, der Vertreter der *NPF*, zur Seite, mit dem ich schon öfter über den überparteilichen Charakter des *Frauenpolitischen Ratschlags* oder auch des *Frauenverbandes Courage* diskutiert hatte. Es interessierte ihn sehr, warum es in Deutschland diese überparteilichen Organisationsformen gibt. Stellvertretend für mich antwortete er und erklärte das Prinzip der Überparteilichkeit: „*Hier arbeiten Frauen unterschiedlicher Weltanschauung und Parteizugehörigkeit gleichberechtigt zusammen.*"

Bei weiteren Gelegenheiten diskutierten wir die Bedeutung der unterschiedlichen Prinzipien. Ich wurde gefragt, welche Bedeutung denn die Leitlinie der weltanschaulichen Offenheit hätte, ob dies denn nicht selbstverständlich wäre. Ich erzählte ihnen, dass es bei uns einen sehr ausgeprägten Antikommunismus gibt und dass es deshalb für etliche Gruppen nicht selbstverständlich ist, auch mit Marxisten-Leninisten zum Beispiel eine gemeinsame Aktion zum *Internationalen Frauentag* zu machen. Für unsere ANWA-Frauen war diese antikommunistische Stimmung überraschend. Häufig wurde ich gefragt, warum

Massenveranstaltung im Pyuthan-Distrikt

es diesen Antikommunismus in Deutschland gibt und das ergab oft spannende Diskussionen über unsere und über ihre Geschichte.

Sehr interessant war für mich die Erfahrung, dass es für die Menschen in Nepal selbstverständlich ist, mit Marxisten-Leninisten zusammenzuarbeiten. Der Sozialismus ist unter der Bevölkerung ziemlich verankert. Da es in Nepal mehrere verschiedene marxistisch-leninistische Parteien gibt, wurden wir immer wieder gefragt, welche der Richtungen wir denn für gut und richtig halten. Die Frage, ob wir den Marxismus-Leninismus für richtig halten, war für die Menschen fast selbstverständlich, diese Frage wurde uns zumindest nicht gestellt.

So halten es die Nepalesen wohl mit Thomas Mann, „der den Antikommunismus als größte Torheit des 20. Jahrhunderts" bezeichnet hatte.

Es ist ein großer Erfolg von ANWA, dass es ihnen gelungen ist, auf ihren Veranstaltungen über Parteigrenzen hinweg Vertreterinnen der unterschiedlichsten Richtungen zusammenzubringen. Dies ist eine wichtige Voraussetzung, die Frauen auf einer kämpferischen Grundlage für den Kampf um ihre Rechte weiterhin zusammenzuschließen.

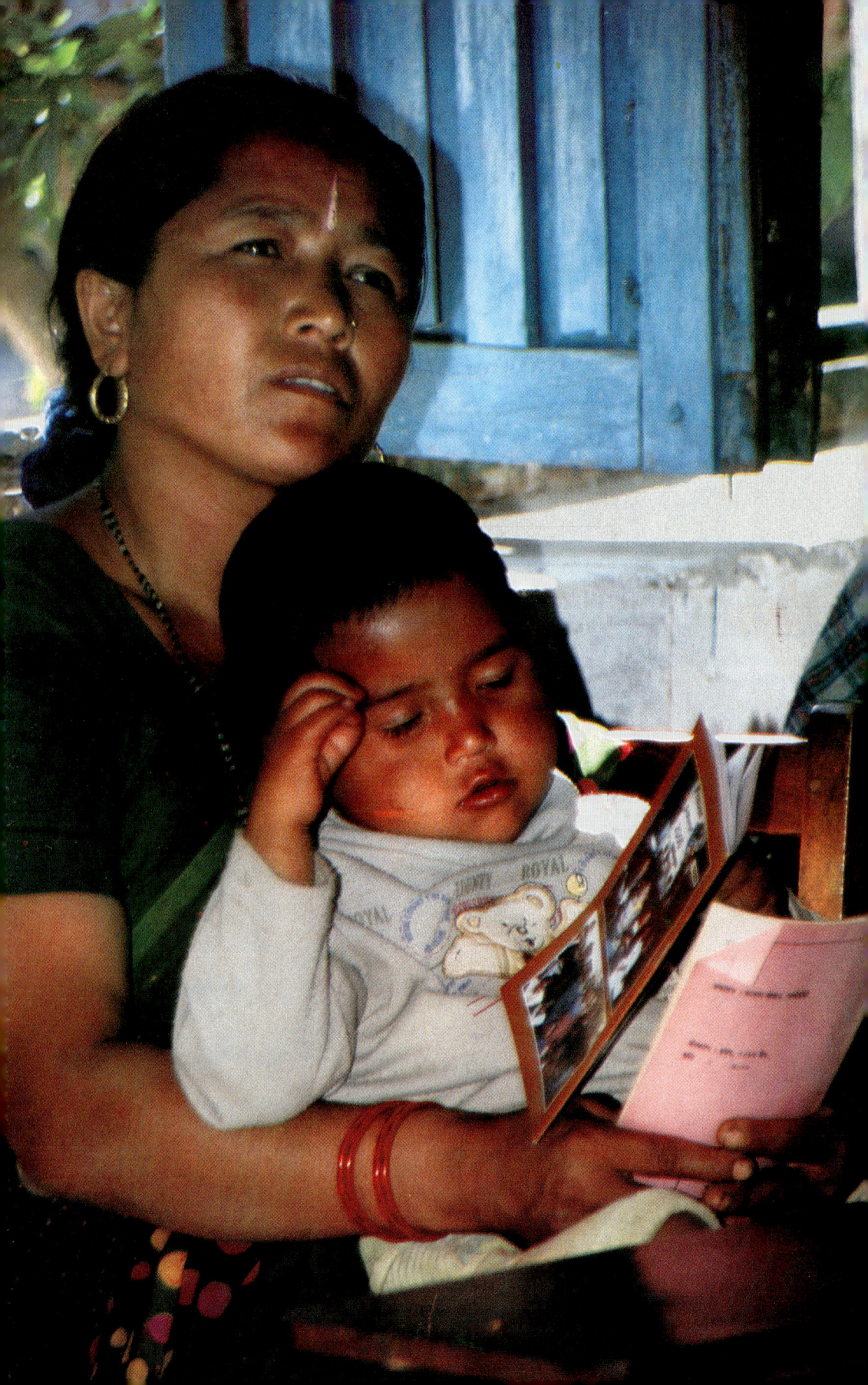

Klara Zetkin beim Internationalen Frauentag in Nepal

Der 8. März, der *Internationale Frauentag*, lag mitten in der Zeit der Kampagne und so konnten wir ihn in diesem Jahr in Nepal feiern. Traurig waren unsere nepalesischen Freundinnen, dass sie diese Veranstaltung in *Tulsipur* nicht unter freiem Himmel durchführen konnten, sondern auf eine Saalveranstaltung ausweichen mussten. Eine öffentliche Demonstration war während des Ausnahmezustandes verboten.

Mina hielt die Hauptrede für *ANWA* an diesem Tag. Ich staunte nicht schlecht, als mir mein Übersetzer plötzlich über Klara Zetkin berichtete. *Mina* hat Klara Zetkin als große Vertreterin der deutschen Frauenbewegung gepriesen, die mit der Zeitung „Gleichheit" vor und in der Weimarer Republik aktiv für die Befreiung der Frau gekämpft hatte. Klara Zetkin war erst Mitglied der SPD, wechselte dann später zur KPD, da sie, wie sie sagte, *„da kämpfen will, wo das Leben ist"*. Hier in Nepal wird am *Internationalen Frauentag* diese bedeutende deutsche Frau geehrt; und *ANWA* war besonders stolz darauf, aus diesem Land jetzt eine Vertreterin der Frauenbewegung da zu haben.

Es war natürlich klar, dass ich ganz schnell meine Rede etwas umschreiben musste, denn ich wollte es mir nicht leisten, nicht wenigstens kurz auf Klara Zetkin und die Geschichte des 8. März einzugehen. Mir wurde in dieser Situation bewusst, was für eine gute Schulungs- und Bildungsarbeit *ANWA*-Aktivistinnen leisten mussten, wenn sie so bewandert waren in der Geschichte der internationalen Frauenbewegung. Das machte mich neugierig auf ihre Schulungs- und Bildungsarbeit.

Unsere *ANWA*-Frauen bestätigten mir, dass sie eine regelmäßige Schulungsarbeit durchführen. Als Frauenverband der *NCP (Mashal)* ist es selbstverständlich, dass auch zu den Grundlagen des Marxismus-Leninismus eine Bildungsarbeit durchgeführt wird. Eine Beschäftigung mit den theoretischen Ausarbeitungen über den Kampf um die Befreiung der Frau findet ebenfalls statt, deshalb war ihnen Klara Zetkin wohl bekannt.

In den Dörfern und Distrikten führen die *ANWA*-Frauen vor allem entlang der aktuellen Fragen und Probleme der Frauen eine konkrete Bildungsarbeit mit den Gruppen durch.

Ich hatte das Büro von *ANWA* im Kopf – ohne Computer und Schreibmaschine, mit ganz wenigen Büchern – ich dachte an die schlechten Straßen und Busverbindungen, die stundenlangen Fußmärsche, um die Frauen in den Dörfern zu erreichen.

Was ist das für eine Leistung der *ANWA*-Aktivistinnen, unter diesen Bedingungen diesen Frauenverband aufzubauen und zu führen! Meine Achtung und Verbundenheit mit diesen Frauen hat sich mit jedem Tag weiterentwickelt.

Aus der Geschichte der internationalen Frauenbewegung lernen

„Ach übrigens, in drei Tagen ist ein Seminar in Butwal. Wenn du willst, kannst du eine Rede zur Charta der Frauenrechte und der internationalen Frauenbewegung vorbereiten. Das wäre sehr schön. Es wird sicherlich sehr spannend und wir sind neugierig, was du zu sagen hast." Mit diesem Hinweis erfuhr ich von dem Seminar und war sehr gespannt, was mich hier erwarten würde. Zuvor aber noch kurz die Geschichte der kleinen Zettel.

Die kleinen Zettelchen

Diese Zettelchen hatten es mir angetan. Wer kennt die Situation nicht. Man sitzt auf einer Veranstaltung, fühlt sich noch etwas unsicher, aber es brennen einem viele Fragen auf den Nägeln. Aber was tun? Hier sitzen 100 bis 200 Menschen, die ich alle nicht kenne. Lachen die mich aus, wenn ich meine Frage stelle? Kann ich sie richtig formulieren? Solche und ähnliche Fragen quälen und manch ein wichtiger Beitrag oder eine Frage wird deshalb nicht gestellt. Kein Problem auf den Veranstaltungen von *ANWA* in Nepal. Hier wanderten kleine Zettelchen zum Podium. Frauen, die ihre Beiträge oder Fragen nicht persönlich stellen wollten, schrieben sie einfach auf einen kleinen Zettel. Der wurde dann zu der Vertreterin gebracht, an den sich die Frage richtete. Keine Frage, kein Gedanke ging auf diese Weise verloren. Eine tolle Sache, die ich gerne in unserem Gepäck nach Deutschland brachte.

Aber zurück zum Seminar in *Butwal*. Für dieses Seminar wurde ein Seminarpapier erarbeitet, das im Vorfeld an die unterschiedlichen Vertreter anderer Gruppen und Organisationen geschickt wurde. Auf dem Seminar wurde es dann zur Diskussion gestellt. Leider war dies eine sehr schwere Aufgabe für unseren Übersetzer und wir bekamen von dieser Diskussion nicht alles mit. Um so spannender fand ich jedoch später das Seminarpapier, das mir übersetzt ins Englische mitgegeben wurde. Ich war überrascht über die gründliche Darstellung der Geschichte der Frauenbewegung aus Europa, die offensichtlich intensiv studiert worden war, um daraus zu lernen.

Da fliege ich zwölf Stunden in eines der ärmsten Länder der Welt, von dem ich vorher kaum etwas wusste, wenig über das Leben der Menschen und noch weniger über deren Geschichte. Dort begegne ich Menschen, die sich intensiv mit der europäischen Geschichte der Frauenbefreiung beschäftigt haben, um von dem Übergang vom Feudalismus zum Kapitalismus für die eigene Befreiungsbewegung zu lernen. Einige Auszüge daraus möchte ich den Leserinnen und Lesern vorstellen:

„Im Kielwasser der Revolution gegen den Feudalismus begannen die Leute, ihre Stimmen gegen jede Art der Ungerechtigkeit zu erheben, mit dem Ziel, ihren ökonomischen, politischen und sozialen Status anzuheben. In der Renaissancezeit von Europa erhoben Frauen ihre Stimme gegen feudale, traditionelle und veraltete Werte, indem sie ihr gewachsenes Bewusstsein für ihre Befreiung von der diskriminierenden Tradition und dem sozialen System zeigten. Nach der industriellen Revolution gab es in Europa eine Welle der bürgerlich-demokratischen Revolutionen. In diesem Zusammenhang begannen die Menschen, größere Initiative für ihre Rechte zu ergreifen und begannen Vereinigungen zu schaffen für ihren Kampf um ihre Rechte. Während des Feudalismus wurde die Frau auf Haushaltsarbeiten beschränkt. Aber der Kapitalismus brachte eine große Anzahl der Frauen aus ihren Küchen heraus. Die Frauen begannen nun auch Handel zu betreiben und fanden Arbeit wie die Männer. Dies half den Frauen, in der Fabrik zusammen mit den Männern zu arbeiten. Sie begannen auch, in verschiedenen Büros zu arbeiten. Dies war ein großer Beitrag des Kapitalismus für die Befreiungsbewegung der Frauen. (...)

In unserem Land Nepal begann zusammen mit der allmählichen Einführung der kapitalistischen Wirtschaft ebenfalls der Prozess, dass Frauen aus dem Haus herauskamen. Frauen haben begonnen, in den Büros, Industrien und Fabriken zu arbeiten. Sie sind nicht mehr beschränkt auf die engen häuslichen Wände. Diese Änderungen in gesellschaftlichen und ökonomischen Bereichen haben den Frauen geholfen, mehr Rechte zu erreichen, was ein Teilerfolg ist. Die Änderungen dieser Art haben sie angeregt, um ihre Freiheit zu kämpfen und letztlich werden sie nach einigen Jahrzehnten bedeutsame Änderungen erreichen."

Es hat mich begeistert, wie klar die Einbeziehung der Frauen in die gesellschaftliche Produktion als ein wichtiger Meilenstein auf dem Weg der Befreiung der Frau herausgearbeitet wurde. Es war ein wichtiger Start für die Entwicklung der Frauenbewegung überhaupt und durch die Teilnahme an der gesellschaftlichen Produktion hat sich unter der Masse der Frauen ein großes Selbstbewusstsein herausgebildet. Ein Zurück in die Küche, in die Enge des Haushaltes, ist mit den Frauen nicht mehr zu machen – auch mit den Frauen in Nepal nicht.

Gründlich wurden die Fehler der alten deutschen sozialdemokratischen Bewegung in diesem Zusammenhang aufgearbeitet. Ferdinand Lassalle (1863) hatte sich damals gegen die Fabrikarbeit der Frauen ausgesprochen, er sprach ihnen nur den Platz im Haus zu. Dies löste in der sozialdemokratischen Bewegung heftige Diskussionen aus. Hätte sich Lassalles Position durchgesetzt, hätte sich die Arbeiterbewegung in der zweiten Hälfte des 19. Jahrhunderts gegen die Befreiung der Frau ausgesprochen.

Die Lehren daraus ziehen *ANWA* und die *NCP (Mashal)* für die eigene Auseinandersetzung unter den linken Kräften in Nepal. So weiter unten:

„In Nepal haben nicht nur Reaktionäre und Konservative, sondern auch viele linke Organisationen und ihre Anhänger auf verschiedene Arten ein negatives Denken, was die berechtigten Forderungen von Frauen betrifft. Nepals 'Arbeiter- und Bauern-Partei' ist hier einen Blick wert. Diese Gruppe hat die Forderung nach gleichem Eigentumsrecht von Frauen konstant abgelehnt. Wegen ihres Einwands konnte die Forderung nach gleichem Eigentumsrecht für Frauen nicht in die Forderungen von neun oder zehn linken Gruppen einbezogen werden. (...) Dies kann mit der Ablehnung des Frauenwahlrechts auf der Konferenz der Deutschen Sozialdemokratischen Partei im letzten Jahrhundert verglichen werden. Die Arbeiter der NCP (Mashal) werden auch von konservativen Anschauungen in gewissem Grad beeinflusst. NCP (Mashal) versteckt sich nicht, sondern kritisiert öffentlich diese Art zu denken unter ihren Parteimitgliedern und ist bemüht, dies zu ändern."

In bestechend klarer Weise werden Lehren aus den Erfahrungen der internationalen Arbeiter- und Frauenbewegung gezogen. Die ökonomische Unabhängigkeit ist ein wichtiger Schritt im Kampf um die Befreiung der Frau. Jeden Schritt dahin, müssen wir konsequent gehen. Dazu ist es erforderlich, sich mit der Wirkung der traditionellen Vorstellungen im eigenen Kopf auseinanderzusetzen und eine konsequente und solidarische Auseinandersetzung darum führen. Die ganze Reise mit den Vertretern von *NPF* und *ANWA* hat gezeigt, dass dies nicht nur ein so hingeschriebener Satz ist, sondern, dass in offener Art Kritik und Selbstkritik geführt wird, um die Arbeit gut voranzubringen.

Sehr genau untersucht wurden in dem Papier auch die Erfolge der UNO-Resolutionen für die Gleichberechtigung der Frauen. Es wurde ausgewertet, dass die UN zwar insgesamt für die Frauen recht wichtige und weitreichende Resolutionen verabschiedet haben, die tatsächliche Situation der Frauen, vor allem in den Entwicklungsländern, davon jedoch noch sehr weit entfernt ist.

Die Auswirkungen der internationalen Frauenbewegung auf die Situation der Frauen in Nepal wird anschaulich beschrieben. So wird die internationale Frauenbewegung wirklich erlebbar:

„Die Bedingung von Frauen in Nepal sind nicht mehr so, wie sie mal waren. Es hat viele Änderungen oder Verbesserungen bezüglich ihres Zustands gegeben. Viele von solchen Änderungen sind auch Ergebnis des internationalen Einflusses gewesen. Dieser Schritt des Politikers Junga Bahadur (er hat ein Gesetz gegen die Witwenverbrennung eingebracht) war das Ergebnis von internationalen Ereignissen und Bewegungen. Es gibt viele Beispiele dieser Art. Die Reformen in Nepal werden auch beeinflusst von internationalen fortschrittlichen Gedanken und revolutionären Bewegungen. Außer vom Marxismus-Leninismus, dem Sozialismus und ihren Lehren und der internationalen kommunistischen Bewegung hat die UN-Proklamation zu den Frauen die Frauenbefreiungsbewegung gleichermaßen beeinflusst. Diese Beispiele klären, dass es eine sehr enge Verbindung zwischen der Frauenbewegung in Nepal und der internationalen Frauenbewegung gibt.

Zum Schluss wollen wir deutlich machen, dass die Frauenrechts-Charta nur eine Phase Nepals in der internationalen Frauenbefreiungsbewegung darstellt. Denn diese liefert selbst keine vollständige Freiheit und Gleichheit der Frauen. Ihre wirkliche und vollständige Befreiung wird nur auf Grundlage der Einheit der Bewegungen von allen ausgebeuteten und unterdrückten Völkern der Welt einschließlich Nepals und dem Ende der vorhandenen Gesellschaft, die auf Ausbeutung und Unterdrückung basiert, möglich sein. Alle ausgebeuteten und unterdrückten Völker marschieren in Richtung dieses Ziels und die Befreiungsbewegung der Frauen ist auch ein Teil davon. Wir sind davon überzeugt, dass letztlich die Frauen zusammen mit allen ausgebeuteten und unterdrückten Menschen von Nepal und der ganzen Welt in der Lage sein werden, dieses Ziel zu erreichen.“

Diese Zuversicht unserer neu gewonnenen Freundinnen und Freunde teile ich aus vollem Herzen. Eine kämpferische internationale Frauenbewegung, die sich ein klares theoretisches Fundament erarbeitet, sich austauscht, gegenseitig voneinander lernt, sich vernetzt und mit den weltweiten Befreiungsbewegungen und der Arbeiterbewegung zusammenschließt, wird den Kampf um die Befreiung der Frau gewinnen.

Wir haben die zukünftige Frauenbewegung von Nepal kennen gelernt

Egal, wo wir hinkamen: Überall waren die Kinder und vor allem auch die Mädchen sofort zur Stelle. Neugierig kamen sie auf uns zu, wollten wissen, woher wir kommen und warum wir hier sind. Ihr Interesse, uns und unser Land kennen zu lernen war fast unstillbar. Selbstbewusst sprachen sie mit uns Englisch, da sie es fast alle sehr früh in der Schule lernen. Und nicht selten mussten wir sie bremsen und sie bitten, doch etwas langsamer zu reden, da wir nicht so fließend Englisch sprachen wie sie. Belustigt halfen sie uns und sprachen langsamer.

Während der Reise wurde mir klar: Diese selbstbewussten, wissbegierigen Mädchen sie sind die Zukunft der kämpferischen nepalesischen Frauenbewegung.

Da waren die Mädchen, aus *Kapilvastu* auf der Fahrt zum Kampagnenteam ganz am Anfang unserer Reise. Sie sind wie selbstverständlich mit uns um 5 Uhr aufgestanden, um ja nichts zu versäumen. Als der Jeep nicht ansprang und wir auf einen anderen warten mussten, nahmen sie mich an der Hand, zeigten mir alles rund ums Haus und ich bekam meine erste Lektion in Nepali. Wir hatten viel zu lachen, denn mein Sprachtalent ist nicht das Beste.

Da sind die vielen Briefe von Mädchen an meine Tochter. Die sich von ganzem Herzen eine internationale Brieffreundin wünschen und unendlich viele Fragen an Sara richten, über Deutschland, die Situation der Mädchen in Deutschland. Aber auch stolz über ihr Land berichten, das herrliche Berge hat, eine schöne Umwelt und ihnen doch nicht die Möglichkeit gibt, gut zu leben.

Da war die Tochter von *Nirmala*, die mir zum Abschied gestand, dass sie einen Tag die Schule geschwänzt hat, um mit uns zusammen zu sein. Genau wie ihre Mutter war sie uns mit dem Fahrrad so lange zu den Veranstaltungen nachgefahren, wie es nur möglich war. Nur mit Mühe konnte es die Mutter verhindern, dass sie mit uns gemeinsam im Ehebett der Eltern geschlafen hat, als wir Gäste im Haus ihrer Eltern waren. Zum Abschied ließ sie es sich nicht nehmen, mir zwei Bonbons zu schenken, die für sie einen großen Schatz darstellten.

Und da waren die vielen Kinder des Erfolgsteams von *Dharapani*.

Dieses Dorf erreichten wir bereits am Abend vor der geplanten Veranstaltung. Ich hatte mir vorgenommen, den Frauen einige Lieder von uns vorzustellen, nachdem sie uns immer wieder Ständchen im fahrenden Jeep vorgesungen hatten. Thomas war überredet und ich hatte ihn so weit, sich nicht vor dem

Singen zu drücken. Hätte er es doch besser getan. Geduldig hörten sie unserem gemeinsam vorgetragenen Lied zu, an den höflich verschlossenen Gesichtern sahen wir: ein musikalischer Genuss war uns nicht gelungen. Ab sofort durfte Thomas nur noch mitsummen, was sich als eine gute Entscheidung herausstellte. Doch eins hatten wir erreicht. Im Nu waren 20 Kinder um uns herum, die immer mehr Lieder hören wollten, aber auch eigene Lieder auf Englisch vortrugen. Im Schein der Taschenlampe verbrachten wir so singend einen wunderschönen Abend. Zum Schluss stimmte ich das Lied, „Kleine Hände, kleine Fäuste" an und die Kinder lernten sehr schnell, den Refrain mitzusingen.

Ich übersetzte ihnen die Strophen dieses Liedes, das besingt, wie Carlos die Schuhe reicher Leute in Bogota putzen muss, wie Martha in Santiago in den Straßen bettelt und wie sich die Situation der Kinder und Mädchen auf der Welt sehr ähnlich ist. Aber auch, wie die Kinder hier für ihr Leben lernen und lernen, sich zu erheben. Mir wurde bewusst, jedes dieser Kinder könnte aus seinem eigenen Leben eine ähnliche Strophe hinzufügen. Um so bewegender war es, wie der Refrain immer lauter und begeisterter von den Kindern mitgesungen wurde.

„Die Kinder dieser Welt, sie sind nicht klein zu kriegen,
sie haben kleine Hände und doch die Kraft zu siegen."

Verlag Neuer Weg
VNW

Stefan Engel,
Monika Gärtner-Engel

Neue Perspektiven für die Befreiung der Frau – Eine Streitschrift

337 Seiten
ISBN: 3-88021-284-8

Auch auf
CD-ROM erhältlich
ISBN: 3-88021-285-6

Die Frauen haben insbesondere durch ihre Einbeziehung in die gesellschaftliche Produktion und in verschiedenen gesellschaftlichen Bewegungen ein neues Selbstbewusstsein herausgebildet. Das hat den Kampf um ihre Befreiung wieder verstärkt ins öffentliche Bewusstsein gerückt. Mit ihrer Streitschrift wollen die beiden Autoren einen Beitrag zu dieser gesellschaftlichen Diskussion leisten.

Sie ergreifen dabei konsequent Partei für die Befreiung der Frau in einer von Ausbeutung und Unterdrückung befreiten Gesellschaft.

VNW – Verlag Neuer Weg GmbH ◆ Alte Bottroper Straße 42 ◆ 45356 Essen
Tel.: 02 01/2 59 15 ◆ Fax: 02 01/61 444 62
E-Mail: neuerweg@neuerweg.de   Web-Shop: www.neuerweg.de

Gun Kessle

Frauenleben in einem chinesischen Dorf

Fotosachbuch mit über 100 Fotos
Leinen mit Schutzumschlag

136 Seiten
ISBN: 3-88021-131-0

Die Befreiung der Frau in China, in Bildern und Texten der bekannten schwedischen Fotografin. Die Aussagen der Frauen des Dorfes Liu Lin zeigen das gewachsene Selbstbewusstsein und die Teilnahme an der gemeinsamen Arbeit und dem politischen Leben in der Zeit Mao Tsetungs.

Helga Ewert

Frauen zwischen Gestern und Morgen
Report nach der Wende

168 Seiten
ISBN: 3-88021-289-9

In 19 Interviews verarbeiten Frauen aus der ehemaligen DDR differenziert und kritisch ihre persönlichen Erfahrungen vor und nach der Wende. Gleichzeitig entwickeln sie auch Vorstellungen, wie sie sich eine lebenswerte Zukunft vorstellen.

VNW – Verlag Neuer Weg GmbH ◆ Alte Bottroper Straße 42 ◆ 45356 Essen
Tel.: 02 01/2 59 15 ◆ Fax: 02 01/61 444 62
E-Mail: neuerweg@neuerweg.de   Web-Shop: www.neuerweg.de

Verlag Neuer Weg
VNW

Stefan Engel

Argentinien –
Leben und Sehnsucht am Rio de la Plata

325 Seiten, viele Abbildungen und Fotos

ISBN: 3-88021-223-6

Das einzige Buch auf dem Markt, das aus
erster Hand informiert über Geschichte und
Hintergründe der Entwicklung in Argentinien.

Ein Land mit einzigartigen weiten Landschaften, mit reicher und
vielfältiger Kultur, fast achtmal so groß wie Deutschland.
Ein Land – noch Ende des 20. Jahrhunderts eines der zehn reichsten
Länder der Erde – heute ein Brennpunkt aller zur Lösung drängenden
Widersprüche Lateinamerikas.
Ein Leser: *„Es ist erstaunlich, wie ein Buch von 1993 zum Schlüssel für*
das Verständnis der Situation heute wird."

Stefan Engel

Peru –
die Lunte am Pulverfaß Lateinamerika

277 Seiten

ISBN: 3-88021-184-1

Es brodelt im Land der Inkas. Stefan Engel besuchte Peru mehrmals und
stellt in seinem Reisebericht die Auswirkungen der Herrschaft der internationalen Großkonzerne, besonders aber die Kräfte dar, die sich zum
Kampf formieren.

VNW – Verlag Neuer Weg GmbH ◆ Alte Bottroper Straße 42 ◆ 45356 Essen
Tel.: 02 01/2 59 15 ◆ Fax: 02 01/61 444 62
E-Mail: neuerweg@neuerweg.de   Web-Shop: www.neuerweg.de

Martin Zimmermann

Eritrea – Aufbruch in die Freiheit

Zweite aktualisierte Auflage 1992
191 Seiten, über 90 Fotos

ISBN: 3-88021-198-1

Ein kleines Land kann gegen übermächtig erscheinende Gegener siegen!
Nach 30 Jahren Kampf wurde Eritrea selbständig. Martin Zimmermann
berichtet mit eindrucksvollen Fotos, mit Dokumenten und Interviews.

Klaus Arnecke/Stefan Engel

Der Neokolonialismus
und die Veränderungen
im nationalen Befreiungskampf

335 Seiten,
viele Abbildungen und Tabellen

ISBN: 3-88021-234-1

Mit dem Zusammenbruch des sowjetischen Sozialimperialismus und
seines neokolonialen Herrschaftsgefüges ist die Allgemeine Krise des
Kapitalismus in die 5. Phase getreten. Sie setzt die internationale
Koordinierung und Revolutionierung des Kämpfe der Arbeiterklasse und
der Völker auf die Tagesordnung.

VNW – Verlag Neuer Weg GmbH ◆ Alte Bottroper Straße 42 ◆ 45356 Essen
Tel.: 02 01/2 59 15 ◆ Fax: 02 01/61 444 62
E-Mail: neuerweg@neuerweg.de   Web-Shop: www.neuerweg.de

PEOPLE TO PEOPLE

Reisen ∗ Bücher ∗ Kunsthandwerk ∗ Kulturgüter

∗ Mit unseren Reisen wollen wir ermöglichen, dass Sie nicht nur alle wichtigen Sehenswürdigkeiten, sondern auch die Menschen anderer Länder kennen lernen. Natürlich können Sie auch jede Pauschalreise und jeden Flug bei uns buchen.

∗ Bei uns bekommen Sie jedes lieferbare Buch. Als einzige Ladenkette bundesweit führen wir das Programm des Essener Verlags Neuer Weg. Es bietet ein breites Angebot interessanter, fortschrittlicher, antifaschistischer, internationalistischer und marxistisch-leninistischer Literatur.

∗ Kunsthandwerk aus Nepal, Peru und anderen Ländern, direkt vom Produzenten ohne Zwischenhandel. Wir unterstützen damit auch fortschrittliche soziale Bewegungen.

∗ Weine aus ökologischem oder umweltschonendem Anbau und Vieles mehr.

Völkerfreundschaft ist unser Programm!

Die Geschenkidee: Tagebücher, Briefpapier, Fotoalben aus handgeschöpftem Nepalpapier. Sie unterstützen damit auch die Hawk Traders – eine Selbstorganisation nepalesischer Kunsthandwerker.

people to people – eine bundesweite Ladenkette:
Berlin: Karl-Marx-Str. 169, 12043 Berlin. E-Mail: berlin@people-to-people.de Tel.: 030/56 82 46 94, Fax: 030/56 82 46 89. **Gelsenkirchen-City:** Hauptstr. 40, 45879 Gelsenkirchen, E-Mail: gelsenkirchen@people-to-people.de Tel.: 02 09/148 77 71, Fax: 02 09/148 77 72. **Gelsenkirchen-Horst:** Essener Str. 84, 45899 Gelsenkirchen, E-Mail: zentrale@people-to-people.de Tel.: 02 09/177 65 60, Fax: 02 09/177 65 61. **Stuttgart:** Hospitalstr. 15, 70174 Stuttgart, E-Mail: stuttgart@people-to-people.de Tel.: 07 11/284 78 66, Fax: 284 78 74. **Magdeburg:** Breiter Weg 30, 39104 Magdeburg, E-Mail: magdeburg@people-to-people.de Tel.: 03 91/569 36 35, Fax: 03 91/569 38 89.
Web-Shop: http://www.people-to-people.de

Das ABZ unterhält Bildungs- und Freizeiteinrichtungen in Gelsenkirchen, Stuttgart und Alt Schwerin.

Unser Anliegen ist die Förderung der allseitigen körperlichen und geistigen Fähigkeiten der Menschen, frei von Vorurteilen und Konservatismus sowie der selbstlose Einsatz für die Selbstbefreiung der Massen. Unser Bildungs- und Kulturprogramm ist allseitig.

Wir bieten in folgenden Bereichen Kurse an:
- **Grundausbildung für die Mitarbeit beim Aufbau einer kämpferischen Opposition**
- **Alltagsfragen**
- **Politische Bildung**
- **Jugend und Kinder**
- **Internationales**
- **Kultur und Freizeit**

Sowie regelmäßige kulturelle Höhepunkte wie Semesterabschlussfest, Skatturnier usw.

Außerdem haben Sie die Möglichkeit, unsere Räumlichkeiten für Feiern und eigene Seminare zu mieten.

Informationen zu unseren Einrichtungen, Kursen und Veranstaltungen unter:

Arbeiterbildungszentrum e.V.
Koststraße 8
45899 Gelsenkirchen
Telefon: 02 09/508 41 29
Fax: 02 09/51 38 75
E-Mail: ABZ-Gelsenkirchen@t-online.de

Frauenverband *Courage* e.V.

→ Wenn Sie sich über alltägliche Sorgen austauschen und Kraft sammeln möchten

→ Wenn Sie aktiv werden möchten gegen Frauendiskriminierung, Arbeitslosigkeit, Armut, für den Weltfrieden und Völkerfreunschaft

→ Wenn Sie für die Befreiung der Frau in einer Gesellschaft ohne Unterdrückung und Ausbeutung von Mensch und Natur eintreten möchten

→ Wenn Sie sich bilden und hinter die Kulissen schauen möchten

→ Wenn Sie tanzen, lachen, träumen und unter Freundinnen sein möchten

dann sind Sie genau richtig im Frauenverband Courage!

Weitere Informationen bei:
Frauenverband Courage e.V. – Geschäftsstelle,
Holsteiner Str. 28, 42107 Wuppertal
Tel.: 02 02/496 97 49, Fax: 02 02/496 97 53
E-Mail: Fvcourage@aol.com, Hompage: www.fvcourage.de